乡村振兴

全程操盘及案例解析

李俊 ● 著

当代中国出版社
Contemporary China Publishing House

图书在版编目(CIP)数据

乡村振兴全程操盘及案例解析 / 李俊著. -- 北京：当代中国出版社，2022.7
ISBN 978-7-5154-1164-4

Ⅰ. ①乡… Ⅱ. ①李… Ⅲ. ①农村—社会主义建设—研究—中国 Ⅳ. ① F320.3

中国版本图书馆 CIP 数据核字（2022）第 022727 号

出 版 人	冀祥德
责任编辑	陈　莎　周显亮
策划支持	华夏智库·张　杰
责任校对	康　莹
出版统筹	周海霞
封面设计	回归线视觉传达
出版发行	当代中国出版社
地　　址	北京市地安门西大街旌勇里8号
网　　址	http://www.ddzg.net　邮箱：ddzgcbs@sina.com
邮政编码	100009
编 辑 部	（010）66572264　66572154　66572132　66572180
市 场 部	（010）66572281　66572161　66572157　83221785
印　　刷	三河市长城印刷有限公司
开　　本	710毫米×1000毫米　1/16
印　　张	14印张　200千字
版　　次	2022年7月第1版
印　　次	2022年7月第1次印刷
定　　价	58.00元

版权所有，翻版必究；如有印装质量问题，请拨打（010）66572159联系出版部调换。

前言

2021年，是"十四五"开局之年，也是全面推进乡村振兴战略的元年。一方面，我国脱贫攻坚战获得全面胜利；另一方面，乡村振兴战略的大旗高高举起。在脱贫攻坚向乡村振兴战略转变的关键节点上，国家依然保持着对农业农村领域的帮扶政策，在稳定脱贫攻坚战役成果的基础上，加大农业生产、种植、加工、流通等板块的投入，并鼓励社会资本等以多种经营形式落户乡村，为平稳度过5年过渡期作好准备。

习近平总书记说过："现在，大家都在讨论中国梦，我以为，实现中华民族伟大复兴，就是中华民族近代以来最伟大的梦想。"显然，中国梦的本质内涵，就是实现中华民族的伟大复兴。

乡村，作为具有自然、社会、人文、经济等特征的地域综合体，兼具生产、生活、生态、文化等多重功能，与城镇互促互进、共生共存，共同构成人类活动的主要空间。毋庸置疑，乡村衰则国家衰，乡村兴则国家兴。

只有乡村发展了，才能解决我国人民日益增长的美好生活需要和不平衡不充分发展之间的矛盾，解决城乡二元结构问题。只有将乡村这个最广泛、最深厚的基础稳固好，才能全面建成小康社会和社会主义现代化强国。实施乡村振兴战略，是解决新时代我国社会主要矛盾、实现"两个一百年"

奋斗目标和中华民族伟大复兴中国梦的必然要求，具有重大的现实意义和深远的历史意义。

目前，我国各省已经行动起来，在脱贫攻坚获得全面胜利的基础上，开启全面启动乡村振兴的新阶段。在这一阶段，我们还存在很多疑问，也有很多迷茫。故此，期望本书的实操内容和落地案例能对读者有所帮助。

本书从乡村振兴战略的实施背景入手，从宏观层面解释乡村振兴的背景、主要内容和意义等，整体介绍乡村振兴的大方向；分别从脱贫攻坚、深化农村改革和普惠金融三个方面，介绍乡村振兴如何确切落地实施；并从产业振兴、人才振兴、文化振兴、生态振兴和组织振兴五个方面说明乡村振兴的重要抓手，详细介绍了乡村振兴的八大操盘方法。在讲述过程中，将国内外大小案例穿插其中，期望带给读者更直观的感受，并从中获得启发。

目录

第一章 乡村振兴大局已定

第一节 乡村振兴的外在动因和内在动力 / 2
第二节 乡村振兴的意义和主要内容 / 6
第三节 国家对乡村振兴的政策支持和最新动向 / 11
第四节 乡村振兴，各省区市在行动 / 16

第二章 脱贫攻坚——为乡村振兴开路

第一节 以脱贫攻坚引领推进乡村振兴 / 26
第二节 脱贫攻坚与乡村振兴有效衔接的关键点 / 31
第三节 脱贫攻坚与乡村振兴衔接——河南濮阳案例 / 36
第四节 数字农业基地案例 / 41

第三章 深化农村改革——为乡村振兴奠基

第一节 加强乡村基础设施建设 / 48
第二节 促进农村产权交易 / 52
第三节 重视农业供给侧改革 / 57

第四节　完善农村基本经营制度 / 62

第五节　乡村振兴战略实施中金融力量的担当 / 66

第六节　银行普惠金融实践与落地模式 / 71

第七节　数字化普惠金融对乡村振兴的赋能 / 76

第四章　普惠金融——为乡村振兴保驾护航

第一节　让普惠金融惠及乡村群体 / 82

第二节　九省市启动金融科技赋能乡村振兴 / 88

第三节　潮流势不可当，但依然困难重重 / 93

第四节　案例：浙江普惠金融实践 / 98

第五章　五个抓手全面启动乡村振兴

第一节　产业振兴是乡村振兴的关键 / 104

第二节　人才振兴是乡村振兴的支撑 / 109

第三节　文化振兴是乡村振兴的基石 / 113

第四节　生态振兴是乡村振兴的助力 / 118

第五节　组织振兴是乡村振兴的保障 / 123

第六章　乡村振兴八大操盘方法

第一节　乡村+品牌——实施"品牌乡村"工程 / 128

第二节　乡村+产业——创特色产业的"特色小镇" / 133

第三节　乡村+休闲——发展"田园综合体" / 138

第四节　乡村+旅游——特色乡村旅游项目 / 143

第五节　乡村+物流——落地"加工物流产业园" / 147

第六节　乡村+金融——金融服务全覆盖 / 151

第七节　乡村+社群——构建社群新零售网络 / 155

第八节 乡村+生态——打造生态农业循环基地 / 160

第七章 乡村振兴先锋榜

第一节 浙江安吉：吃透生态红利 / 166
第二节 江苏昆山计家墩的"乌托邦"——文旅视角下的微度假模式 / 170
第三节 宁波余姚市鹿亭乡中村数字乡村案例 / 174

第八章 逐百年中国梦，乡村振兴任重道远

第一节 我国乡村振兴面临的现状和困难 / 180
第二节 对我国乡村振兴发展的几点建议 / 185
第三节 未来可期，必将实现的中国梦 / 190

附录

附录一 农业农村部乡村产业发展司印发《2021年乡村产业工作要点》/ 196
附录二 日本的造村运动 / 203
附录三 瑞士和德国的生态乡村建设 / 207

参考文献

第一章
乡村振兴大局已定

第一节　乡村振兴的外在动因和内在动力

2017年10月18日，党的十九大报告首次提出乡村振兴战略，指出农业农村农民问题是关系国计民生的根本性问题，必须始终把解决好"三农"问题作为全党工作的重中之重，实施乡村振兴战略。

2018年1月2日，中央"一号文件"对实施乡村振兴战略进行全面部署。实施乡村振兴战略，是解决人民日益增长的美好生活需要和不平衡不充分的发展之间矛盾的必然要求，是实现"两个一百年"奋斗目标的必然要求，是实现全体人民共同富裕的必然要求。

2018年5月31日，中共中央政治局审议《乡村振兴战略规划（2018—2022年）》，明确到2020年全面建成小康社会时和2022年召开党的二十大时的目标任务，细化、实化乡村振兴的工作重点和政策举措，具体部署重大工程、重大计划、重大行动，确保文件得到贯彻落实，政策得以执行落地。

乡村振兴战略的提出，主要基于两个方面的原因。

第一，我国的基本国情是乡村振兴战略的外在动因。

从各国实现现代化的必由之路来看，城镇化是一条被证明必走的路。但是，对于中国来说，资源禀赋、人口规模、发展水平、社会制度等与其他国家都有所不同。所以，在现代化发展过程中，人口的城乡分布格局和变化都会有很大差别。城镇化建设并不意味着要照搬照抄其他国家的发展方式，也不意味着要把城乡发展对立起来。因此，乡村振兴要从我国的实际出发，科学引领和打造城乡格局。

综观世界上超过一亿人口的大国，只有美国和日本成为经济发达国家，但是这两个国家的人口不足中国的零头。而中国要引领超过14亿多人实现现代化，在世界上是没有先例可循的，也没有成功经验可以借鉴，只能靠我们自己去探索。

随着农村人口的减少和城镇化的推进，我国的很多村庄正在消失。这是一个渐进的历史过程。城市和农村之间，因为存在经济、社会、文化等各方面的不同，形成互补，才能推进整个国家向现代化迈进。所以，即使城镇化发展到最后，乡村也不可能消失。未来农村人口的比重即使降到30%以下，总量也有几亿人。这么大的体量，不把他们生活的地方建设好，是称不上全面小康社会和现代化国家的。

按"十三五"规划要求，到2020年底，将有1亿已经在城镇定居的农民工及其家属落户城镇。但这也就意味着，在已经进入城市的农业人口中，还有一大部分人不能落户城镇，且后续还有更多的人进城。要想解决这个问题，就得有"足够的历史耐心"。

现阶段，我国社会的主要矛盾已经转化为人民日益增长的美好生活需要和不平衡不充分发展之间的矛盾，而这种发展的不平衡不充分，反映在农业和乡村发展的滞后上。因此，党的十九大报告提出要坚持农业农村优先发展，要加快推进农业农村现代化。

乡村振兴，是由我国的基本国情决定的。就像习近平总书记在2013年12月中央农村工作会议上指出的：必须看到，我国幅员辽阔，人口众多，大部分国土面积是农村，即使将来城镇化水平到了70%，还会有四五亿人生活在农村。为此，要继续推进社会主义新农村建设，为农民建设幸福家园和美丽乡村。

第二，乡村振兴是农村发展的内在需求。

"三农"问题在我国将长期存在，不是说农民进城了，"三农"问题就消失了。我国的农业、农村、农民将长远存在。因此，农村发展除了借助外力，还需要发挥内在动力。这些年经济增长放缓，产业结构升级，对劳动力的需求也发生了很大变化，其中一个变化就是农民工外出就业的增速放缓。为了实现这部分农民的收入增长，就必须在农村创造出更多的机遇。这也是为什么这些年农民工返乡创业、农村发展新产业和新业态、一二三产业相融合发展的原因。这都是乡村振兴战略的内在的客观要求。

回顾改革开放以来，为了解决农民的就业问题，我们见证过乡镇企业的异军突起，也见证过民工潮。而现在，我们又要见证农村的产业兴旺，为农民开辟的"第三就业空间"——通过产业融合和发展新产业、新业态为农民在乡村提供主要不依赖于单纯农业的就业岗位。

这种内在需求首先是由农村的现状决定的。比如现在农村普遍存在的空心化、老龄化问题。

其次，我国的农业生产有自身内在的规律。随着农业机械化的普及和农业社会化服务体系的健全，对于那些大宗农作物的生产，其劳动强度已经大大降低了，不仅缩短了劳动时间，使得老人和女性能够胜任日常的田间劳作，也给青壮年男性劳动力提供了更多的就业时间。正是因为技术的进步，农业的生产规律才起了这样的变化。这种变化对农民未来的增收和城镇居民的新需求，将是十分有意义的事情。

最后，乡村是城镇化进程中城乡融合概念的产物。其实，在很多发达国家，已经没有农村的概念了，农业、农村、农民三者构成的是乡村。乡村不仅在城镇化进程的城乡关系中处于核心地位，而且人类要想回归大自然，回归乡村是必然趋势。

在欧洲和美洲的发达国家，很多著名的企业和高校都分布在小镇上，日本也有很多新兴的产业正在向乡村转移，这就是我们讲的回归乡村运动。借助互联网的发展和信息技术的不断进步，城乡之间的距离一步步在拉近，同时也为新兴产业在乡村发展提供了良好基础。乡村已经不仅仅是提供农产品的地方，更是一种生态、一种文化、一种社会价值，对满足人们美好生活的愿望正发挥着越来越重要的作用。

在中国的传统文化中，一直都有乡村的概念。它主要是建立在宗族社会跟血缘共同体基础之上的一种文化，具有高度的稳定性。近代以来，我们的乡村凋敝是非常明显的。新中国成立后，建立起一个极具组织化和动员能力的新型乡村体系，使原来一盘散沙的农村逐渐成为一个高度组织化的平台。但是国家动员能力的增强，反过来也瓦解了中国2000多年来固有的乡土社会治理机制，导致1978年后国家制度渗透程度降低之后，农村又出现了大量的乡村治理真空地带。

从这个角度看，党的十九大报告提出把中国"农村"的称谓在乡村振兴战略的相关文件中恢复为"乡村"，虽仅一字之差，但其背后的关键含义是不再把"乡村"视为一个单纯的生产部门，而是更多地把它看作一个社会的组织载体、文化主体和伦理主体。

第二节 乡村振兴的意义和主要内容

乡村是具有自然、社会、经济特征的地域综合体，兼具生产、生活、生态、文化等多重功能，与城镇互促互进、共生共存，共同构成人类活动的主要空间。乡村兴则国家兴，乡村衰则国家衰。我国人民日益增长的美好生活需要和不平衡不充分的发展之间的矛盾在乡村最为突出，我国仍处于并将长期处于社会主义初级阶段，它的特征很大程度上表现在乡村。

全面建成小康社会和全面建设社会主义现代化强国，最艰巨最繁重的任务在农村，最广泛最深厚的基础在农村，最大的潜力和后劲也在农村。实施乡村振兴战略，是解决新时代我国社会主要矛盾、实现"两个一百年"奋斗目标和中华民族伟大复兴中国梦的必然要求，也是实现全体人民共同富裕的必然要求，具有重大现实意义和深远历史意义。

实施乡村振兴战略，是建设现代化经济体系的重要基础，是建设美丽中国的关键举措，是传承中华优秀传统文化的有效途径，是健全现代社会治理格局的固本之策，是实现全体人民共同富裕的必然选择，更是解决人民日益增长的美好生活需要和不平衡不充分的发展之间矛盾的必然要求。

2018年3月8日，习近平总书记提出"五个振兴"的科学论断，即乡村产业振兴、人才振兴、文化振兴、生态振兴、组织振兴。这五个振兴，也是乡村振兴的主要内容。

一、推进农业高质量发展，打造乡村振兴的产业支撑

产业兴则百业兴，实现乡村振兴离不开产业兴旺，所以要把产业发展摆在突出的位置。这就要求我们要激活现代农业，加快构建现代农业产业体系、生产体系和经营体系，推动农业由增产导向转向提质导向，提升农业创新力、竞争力、全要素生产率。

产业振兴可以从两个方面发力：一是加快培育乡村产业、乡土产业，促进农村的一二三产业融合发展，实现农村的经济繁荣和农民的增收。二是深入推进农业供给侧改革，注重质量兴农、绿色兴农、品牌兴农的主导思想，推动农业生产从量变到质变，从数量的提升转向质量的提升和品牌的塑造。

二、吸引各类人才，为乡村振兴注入新活力

对于人才问题，可以从三个方面加以考量：一是乡村振兴为一切有志于"三农"的各类人才提供了广阔的天地，亟须打造一支结构合理、素质优良、能力突出的乡村振兴人才队伍。我们要进一步深化改革，扩大开放，从今天农业、农村、农民发展的实际出发，制定一系列搞活人才的政策措施，让各个领域的人才在乡村振兴的舞台上展示才华。

这些年，各行各业的人选择回乡村，他们中有搞网络的，有搞新媒体工作的。他们回到乡村，成为乡村的佼佼者，成为农民致富的引领人。同时也希望他们能利用媒体的力量，讲更多的农村人才先进事迹，讲好中国乡村振兴、人才振兴的故事新篇。这方面会成为一个时代的标志。

二是乡村振兴需要进一步创造更好的环境，来吸引人才，留住人才。不但要加快改善乡村人居环境、基础设施、交通信息等硬件条件，更要创造良好的营商环境，打造"永久牌"的乡村振兴人才队伍。

三是乡村振兴需要创造更好的条件，来培养人才、用好人才。这方面

规划里面已经做了比较详细的安排，各地也在按照中央规划要求，从实际出发，制定出不同类型、不同方面、不同区域的人才战略和人才政策。

总而言之，要做好人才振兴工作，就要练好内功，不仅要发挥好党管人才的政策引领作用，还要让人才本身更了解农村、熟悉农民、研究农业，只有这样，人才在乡村这块土地上才能真正服水土，发挥应有的作用。除此之外，还要借外力。乡村振兴、人才振兴这个舞台是开放的，要欢迎各方面人才聚集到乡村舞台上展示才华。各级党委政府要在人才队伍建设上面下功夫，从农业农村部来讲，要推动实施农业科研杰出人才计划、杰出青年农业科学家项目、农业推广服务特聘计划，形成新时代乡村人才振兴的大合唱。

三、注重乡村的地域特色和文化，留住乡村的乡土味

文化振兴是实现乡村振兴的思想保障，以社会主义核心价值观为引领，采取符合农村、农民特点的有效方式，深化中国特色社会主义与中国梦宣传教育，大力弘扬民族精神与时代精神。加强爱国主义、集体主义、社会主义教育，深化民族团结进步教育。

在中国，很多乡村都有着得天独厚的地理条件和独特的历史文化。依靠这些资源禀赋，就可以创新性地探索出一条乡村旅游绿色发展的道路。以山西省孝义市高阳镇为例。高阳不仅有独特的生态资源优势，山、水、林、湖点缀全境，而且历史文化遗迹丰富，村村有故事，荣列第三批中国传统村落名录。高阳立足独特的资源禀赋和沉淀的"孝之源""义之源"的文化底蕴，通过反复论证，全面实施"五村连片，十里画卷"建设项目。不同的资源禀赋和生产结构，不同的自然环境和文化特色，奠定了不同的发展模式，根据差异化的特点，注重地域特色，体现乡土风情，不搞"一刀切"，不搞统一模式，形成了"一村一特色，一村一形象，一村一主题"

的风格,不仅留住了乡村本身的乡土味,即风土人情,还传承和发扬了本就植根于高阳本地的特色文化。

四、坚持绿色经济,保持生态平衡,提升乡村振兴速度

生态振兴重在构建乡村振兴的环境基础,关键是在农业发展观上开展一场深刻革命,一方面是形成绿色的生产方式和产业结构,推动农业投入品减量、农业废弃物资源化运用和农业资源养护;另一方面是形成绿色的生活方式和人居空间,从厨房、洗手间、垃圾箱改起,贯彻落实农村人居环境治理三年行动计划。

一个典型案例,就是江苏省江阴市的南闸街道。南闸街道的生态环境特点是山林交错、河网密布,拥有得天独厚的水资源优势。西部有秦望山、凤凰山和黄昌河,俗称"两山一水"。东部有花山森林公园,是一个绿意葱茏、鸟语花香的城市公园。而秦望山北山脚下的狮山湖,已经建成占地2000多亩的生态园,将当地生态优势、文化资源、城市建设以及周边区域联合起来,形成一体化发展的聚集效应,成为生态田园的典范。

狮山湖生态园已经成为一个开放式的休闲活动场所,集"美丽乡村、金色田园、特色文体、艺术之家、康养中心"于一体。在狮山湖的带动下,南闸街道各村庄之间通过乡村景观道路实现了无缝对接,让狮山湖探索出一条跨域文旅路线,通过民宿的发展,带动周边村民一起发展,引导村里的乡村旅游,以狮山湖为中心把周围几个自然村落的自然风光和生态农业旅游结合起来,进而形成产业链,带动周围村民创业增收。

五、以基层干部为抓手,发挥组织的主体作用

组织振兴重在保证乡村振兴的政治基础。农村基层党组织是实施乡村振兴战略的战斗堡垒。组织振兴就是要以成千上万名优秀的农村基层党组织书记为抓手,把我国社会主义民主政治的优势和特点充分发挥出

来，形成"三治合一"的现代乡村社会治理体系，保证乡村振兴健康稳步推进。

多年来，我国家庭联产承包责任制的优势逐渐消失，农民"一盘散沙"，无法释放人的主动性和积极性，也最终导致产业的小、散、零、弱。这种现状已经跟不上时代发展的要求，"各人自扫门前雪"的农村土地利用模式已不能适应现代农业发展的步伐，而向土地要聚集、向产业要规模、向农业要效益已成为现代农业产业发展的最大呼声。

因此，要解决产业发展各自为政的问题，就必须坚持在村级党组织的领导下，规范农民专业合作社发展，提升专业合作社运行质量和管理水平，引进企业、鼓励能人领办合作社，形成"党支部+合作社""企业+合作社""能人+合作社"等模式，支持农民通过土地、资金、技术等多种方式入股合作社发展。

把农村土地聚合起来，把群众利益联结起来，提高农民组织化程度，让农民在专业合作组织中分工有差别、收入有保障，推动农村劳动力从传统农业中解放出来，让传统农民成长为新型农民，让传统农业转型为现代农业。

第三节　国家对乡村振兴的政策支持和最新动向

乡村振兴战略是新时代"三农"工作的总抓手。就全国范围来看，在今后很长一段时间内，都会在目前基本形成的乡村振兴的制度框架和政策体系中不断地细化和落实，以确保现行的政策能够有效地实施。国家也要根据新的情况和新的态势不断调整和创新，根据发展领域的不同，制定和实施一批新的政策措施，主要是从以下几个方面给出了政策支持：

一是跟产业相关的政策。

1. 2016年12月31日，中共中央、国务院《关于深入推进农业供给侧结构性改革　加快培育农业农村发展新动能的若干意见》。因势利导，顺应新形势新要求，坚持问题导向，调整工作重心，充分推进农业供给侧结构性改革，积极培育农业农村发展新动能，努力开创农业现代化建设新局面。

2. 2017年8月16日，农业部、国家发展改革委、财政部联合印发《关于加快发展农业生产性服务业的指导意见》。加快发展生产性服务业，促进产业结构调整升级。

3. 2018年1月10日，国农办1号文件《农业综合开发扶持农业优势特色产业规划（2019—2021年）》。鼓励扶持农业优势特色产业，实施乡村振兴战略，推进强化和规范农业综合开发对农业优势特色产业的扶持。

4. 2018年2月2日，《农业部办公厅关于印发〈2018年农产品质量安全工作要点〉的通知》。贯彻落实中央农村工作会议、全国农业工作会议及中央"一号文件"精神，积极实施乡村振兴战略，深入推进"农业质量年"活动，进一步做好农产品质量安全工作。

二是跟土地相关的政策。

1. 2016年6月29日，《农业部关于印发〈农村土地经营权流转交易市场运行规范（试行）〉的通知》。鼓励农村土地经营权流转，发展农业规模经营，带动农村产权流转交易市场健康发展，规范农村土地经营权流转交易市场，建立健全市场交易运行规则，促进未建立流转交易市场的地方，特别是粮食主产区积极建立市场并完善相关规则，推动流转交易公开、公正、规范运行，保障交易双方合法权益，推进土地资源优化配置和农业规模化经营健康发展。

2. 2018年2月23日，国土资源部《关于全面实行永久基本农田特殊保护的通知》。推动和构建耕地数量、质量、生态"三位一体"保护新格局，建立健全永久基本农田"划、建、管、补、护"长效机制，切实落实土地特殊保护制度。

3. 2019年1月20日，农业农村部、国家发展改革委、财政部、中国人民银行、国家税务总局、国家市场监督管理总局联合印发《关于开展土地经营权入股发展农业产业化经营试点的指导意见》。鼓励农户自愿以土地经营权等入股龙头企业和农业合作社，通过"保底收益+按股分红"等方式，使农户分享加工销售环节收益，建立健全风险防范机制。

三是和农业金融、农机补贴相关的政策。

1. 2017年12月15日，农业部办公厅、财政部办公厅关于印发《2018—2020年农机购置补贴实施指导意见》的通知。扶持农业机械化全程全面高质高效发展，落实农机购置补贴政策。

2. 2018年1月30日，财政部下发《农业综合开发财务管理办法》的通知。进一步规范农业综合开发财务行为,着力提高农业综合开发财务管理水平和资金使用效益,认真落实财政体制、财务会计制度的要求以及农业综合开发项目和资金管理的相关政策。

3. 2018年3月9日,国家旅游局办公室、国务院扶贫办综合司和中国农业发展银行办公室联合发布《关于组织推荐金融支持旅游扶贫重点项目的通知》。深入贯彻落实党中央、国务院关于脱贫攻坚和乡村振兴战略的部署,大力推进旅游扶贫工作。

四是和生态环境治理、乡村建设相关的政策。

1. 2017年5月24日,财政部《关于开展田园综合体建设试点工作的通知》要求,要切实推进农业供给侧结构性改革,培育农业农村发展新动能,有力推动农业现代化与城乡一体化互促共进,提高农业综合效益和竞争力,创新农业农村发展模式,逐步实现"村庄美、产业兴、农民富、环境优"的目标。

2. 2017年9月8日,农业部等12个部门联合印发《关于促进农村创业创新园区(基地)建设的指导意见》。大力支持返乡下乡人员创业创新,促进农村一二三产业融合发展,加快建设一批具有区域特色的农村创业创新园区(基地),为广大返乡下乡创业创新人员提供场所和服务,全面推进农村创业创新建设。

3. 2018年2月13日,财政部《关于建立健全长江经济带生态补偿与保护长效机制的指导意见》要求,统筹一般性转移支付和相关专项转移支付资金,建立激励引导机制,加大对长江经济带生态补偿和财政资金投入力度。

4. 2019年1月3日,中共中央、国务院《关于坚持农业农村优先发展,做好"三农"工作的若干意见》。把解决"三农"问题作为全党工作的重中之重，充分统一思想、坚定信心、扎实工作，进一步巩固发展农业农村的大好形势，发挥"三农"压舱石作用，有效应对各种风险挑战，确保经济持续健康发展和社会大局稳定，力争实现第一个百年奋斗目标。

对于乡村振兴战略来讲，2021年又是一个特殊的年份。在十三届全国人大四次会议上，国务院总理李克强在政府工作报告中多次提及"乡村振兴"，并将做好巩固拓展脱贫攻坚成果同乡村振兴有效衔接作为2021年重点工作之一。也就是说，2021年，乡村振兴面临着新的起点——乡村振兴站在了脱贫攻坚的成果基础上，必然会迎来新一轮的大发展。

对此，政府对脱贫县从脱贫之日起设立5年过渡期，主要帮扶政策总体保持稳定。

2021年3月13日，《中华人民共和国国民经济和社会发展第十四个五年规划和2035年远景目标纲要》（以下简称《纲要》）全文正式发布。

在《纲要》中，有关乡村振兴内容独立成篇，第七篇共四章对走中国特色社会主义乡村振兴道路进行部署。《纲要》提出，走中国特色社会主义乡村振兴道路，全面实施乡村振兴战略，强化以工补农、以城带乡，推动形成工农互促、城乡互补、协调发展、共同繁荣的新型工农城乡关系，加快农业农村现代化。提高农业质量效益和竞争力。实施乡村建设行动。健全城乡融合发展体制机制。实现巩固拓展脱贫攻坚成果同乡村振兴有效衔接。

未来5年，可以看作脱贫攻坚向乡村振兴的过渡期，任务还是非常艰巨的，特别是一些中西部原来的贫困地区，它们刚刚摘掉贫困的帽子，农村基础还是很薄弱，需要一段时间来巩固脱贫的成果。所以，未来要想实现真正的乡村振兴，还需要采取政策措施防止这些地区大规模返贫，在这一过程中，资金和人才短缺的问题也是不可避免的，更需要政策扶持。

从推出家庭联产承包责任制，到 2005 年提出建设社会主义新农村，再到 2017 年提出乡村振兴战略，从这一系列的农业政策演变过程中可以看出，我国的"三农"发展离不开政策保障、科技支撑、资金投入等，其中最离不开的就是政策保障。

目前，乡村振兴的政策主要从加快推进农业现代化（产业相关）、大力推进乡村绿色发展（生态相关）、巩固脱贫攻坚战的成果（农业金融相关）、提高农村民生保障水平（土地相关）四个方面进行。其中，产业振兴是最为关键的一环，可以从促进粮食和重要农产品生产、发展乡村特色产业、大力发展农产品加工业、发展乡村新型服务业、培育新型农业社会化服务业这五个方面全力推进。

第四节 乡村振兴，各省区市在行动

乡村振兴战略出台以来，一直备受各省区市的重视，全国各地陆续出台了一系列实施方案和措施，以便加快推进乡村振兴战略在本地的落地。特别是2021年伊始，当乡村振兴战略站在新的起点上时，每个省区市都根据自身的特点和优势，制定了具体的落实措施。

北京

在北京市委、市政府印发的《关于全面推进乡村振兴加快农业农村现代化的实施方案》中，既要保证2021年粮食、蔬菜的产量达到一定数量，还要确保乡村建设行动全面启动，一批农业关键科技项目立项攻坚，农业从数量回升向量质同升转型发展。到2025年，科技创新逐渐成为农业的鲜明特征，农业科技进步贡献率达到77%，设施农业机械化率达到55%以上，高效设施农业技术、装备、品种自主创新率会有明显提升。

广西

在各省区市出台的实施方案中，数字农业成为推进乡村振兴的重要内容。比如，广西壮族自治区大力推动数字农业发展，加快推进农村地区智慧水利、智慧交通、智慧电网、智慧农业、智慧物流等方面建设，发挥数字乡村建设对完善乡村产业体系、乡村治理的重要作用，培育农村新产业、新业态并因地制宜打造各具特色的数字乡村样板。

甘肃

甘肃省推出了基于地理信息系统的"数字乡村"示范项目。"数字乡村"示范项目基于地理信息系统，融合云计算、互联网、物联网等技术，设置了"乡村振兴""脱贫巩固""智慧农业""社会管理"等功能模块，涵盖农产品可追溯体系、生态监测、生态保护和生态修复示范项目。

此外，甘肃省还提出了三大体系：一是聚焦打赢脱贫攻坚战，构建特色鲜明的优势产业体系。实现"两不愁三保障"脱贫目标，推进乡村振兴，"产业兴旺"是核心。二是探索发展"戈壁农业"，构建山川秀美的绿色生态体系。立足建设山川秀美的幸福美好新甘肃，深刻汲取祁连山生态环境破坏问题的沉痛教训，牢固树立"绿水青山就是金山银山"的理念，推行绿色生产方式和生活方式，加快建设生态宜居的美丽乡村。三是推进村民共建共治，构建党组织领导的乡村治理体系。把党的领导贯穿到实施乡村振兴战略全过程，不断健全完善乡村治理体制。

山西

山西省提出"六个突出"。一是突出城乡融合，着力构建城乡要素合理流动新机制。二是突出共同富裕，着力巩固和完善农村基本经营制度。三是突出质量兴农，着力推进农业供给侧结构性改革。四是突出绿色发展，着力建设黄土高原美丽新家园。五是突出文化兴盛，着力传承发展提升黄河流域农耕文明。六是突出乡村善治，着力以"三基建设"推动农村"三治"。

江西

江西省主要聚焦于"三个建设"。一是建设产业兴旺的富裕乡村，产业是推进农业农村现代化的主抓手，产业兴旺是乡村振兴的重点。二是建设生态宜居的美丽乡村，良好的生态环境和村容村貌是农村文明程度的直观体现,也是美丽乡村的基本特征。三是建设安居乐业的幸福乡村,提高广大农民的生活质量和水平是乡村振兴的根本目的。

浙江

浙江省提出"五个坚持"。一是坚持把做强农村产业作为乡村振兴的首要任务,进一步打开"绿水青山就是金山银山"的通道。二是坚持把推进农村改革作为乡村振兴的强大动力,进一步释放农村的发展活力、改革红利。三是坚持把办好民生实事、"关键小事"作为乡村振兴的大事来抓,进一步满足农民群众日益增长的美好生活需要。四是坚持把加强乡村治理作为乡村振兴的内在要求,进一步巩固发展农民安居乐业、农村文明有序的良好局面。五是坚持把加强农村基层党组织建设作为乡村振兴的根本保证,进一步增强党在农村的政治领导力、思想引领力、群众组织力、社会号召力。

山东

山东省主要从四个方面加快乡村振兴的步伐。一是加快产业转型升级,夯实乡村振兴经济基础。二是改善农村环境条件,让农民生活幸福安康。三是加强思想道德建设,促进乡村文化繁荣兴盛。四是坚持党管农村,把"重中之重"落到实处。

福建

福建省要求乡村振兴实施要做到"四好"。一是打好特色牌,抓优势产业规模化,抓品牌农业建设,抓闽台农业合作,抓农产品质量安全。二是扶好小农户,围绕小农户融入现代农业发展,突出"两手抓":一手抓有效带动,一手抓有效服务。三是唱好融合戏,立足实际,唱好"山海协作""城乡统筹""产业融合"这三台戏。四是组好工作队,深入实施科技特派员制度，深入实施下派村支书制度，不断为"三农"工作注入强大的支持。

湖北

湖北省主要从四个方面着力。一是着力推进全面发展，落实乡村振兴总要求。按照产业兴旺、生态宜居、乡风文明、治理有效、生活富裕的总要求，推进农村全面发展。二是着力推进融合发展，打造乡村振兴新引擎。实施乡村振兴战略，关键是打通城市资源流向农村的通道，充分发挥城市的辐射带动作用，增添发展新动能。三是着力推进创新发展，激发乡村振兴内生动力。坚持以改革创新激发乡村振兴内生动力。巩固和完善农村基本经营制度，把好维护农民权益的"关口"。四是着力推进优先发展，强化乡村振兴硬保障。切实把重中之重、优先发展的要求，落实到政策制定、工作部署、财力投放、干部配备等方面，为乡村振兴提供有力的保障。

黑龙江

黑龙江省提出"三个坚持"。一是坚持现代化大农业大食品发展方向，争当农业现代化建设排头兵。加快构建现代农业产业体系、生产体系、经营体系，推动农业高质量发展，实现由农业大省向农业强省转变，由大粮仓变成绿色粮仓、绿色菜园、绿色厨房。二是坚持绿色发展理念，建设生态宜居新家园。坚持在保护中开发、在开发中保护的发展定位，加快建设生态强省，使黑龙江的天更蓝、山更绿、水更清、生态环境更美好。三是坚持以富裕农民为目标，培育乡村发展新动能。要拓宽农民增收渠道，特别是增加经营性收入和财产性收入，继续保持农村居民收入增速快于城镇居民。

陕西

陕西省提出了"五个坚持"。一是坚持以产业兴旺为重点,推动农业高质量发展。二是坚持以生态宜居为关键,搞好农村生态保护和环境治理。三是坚持以乡风文明为保障,加强农村精神文明建设。四是坚持以治理有效为基础,完善乡村治理体系。五是坚持以生活富裕为根本,扎实做好保障和改善民生工作。

辽宁

辽宁省提出了"四个坚持"。一是坚持质量兴农、绿色兴农,把辽宁建成国家重要现代农业生产基地。二是坚持区域协同、城乡融合,建立新型的工农城乡协调发展模式。省委、省政府制定了"五大区域发展战略",统筹推进区域融合发展,带动乡村繁荣振兴。三是坚持改革创新、激发活力,全面增强农业农村发展动力。四是坚持党管农村工作,真抓实干,把农业农村优先发展的要求落到实处。要坚持和加强党对农村工作的领导,确保党在农村工作中始终总揽全局、协调各方,为乡村振兴提供坚强有力的政治保障。

海南

海南省提出了"九个坚持不懈"。一是坚持不懈以"多规合一"为引领,科学管用的规划是乡村振兴的路线图、施工图和时间表。二是坚持不懈推进美丽乡村建设。三是坚持不懈推进农业供给侧结构性改革。四是坚持不懈以六大专项整治为抓手,搞好农村生态环境建设。五是坚持不懈推进"五网"基础设施建设,确保路网、光网、电网、气网、水网到村入户、连通田间地头。六是坚持不懈推进乡村文明大行动。七是坚持不懈打好脱贫攻坚战。八是坚持不懈搞好农村基本公共服务。九是坚持不懈开展乡村治理，进一步完善"一核两委一会"乡村治理机制，充分发挥村民会议、村民代表会议、村务协商会等作用，让农民自己"说事、议事、主事"，真正做到村里的事村民商量着办。

宁夏

宁夏回族自治区推出了"五个推动"。一是着力推动乡村产业高质量发展，夯实乡村振兴的经济基础。二是着力推动乡村绿色发展，建设生态宜居美丽家园。三是着力加强乡村文化建设，焕发乡村文明新气象。四是着力加强和创新乡村治理，营造和谐稳定的社会环境。五是着力推进脱贫富民，让农民的获得感和幸福感更充盈、更实在。

河北

河北省提出做好"四个抓手"。一是以实施农业供给侧结构性改革三年行动为抓手，推动农业高质量发展。二是以实施打好精准脱贫攻坚战三年行动为抓手，确保全面建成小康社会。三是以实施农村人居环境整治三年行动为抓手，着力建设美丽宜居乡村。四是以实施加强乡村社会治理三年行动为抓手，促进农村社会充满活力，和谐有序。

湖南

湖南省提出"四个重点"。一是把加强党的领导贯穿乡村振兴全过程，推动农业农村优先发展要求落到实处。二是把新发展理念贯穿乡村振兴全过程，着力打造以精细农业为特色的优质农副产品供应基地。三是把以人民为中心的工作导向贯穿乡村振兴全过程，不断改善农村民生。四是把推进治理体系和治理能力现代化的要求贯穿乡村振兴全过程，促进共建共治共享。

安徽

安徽省提出了"四个坚持"。一是坚持以推进农业供给侧结构性改革为抓手，着力推动质量兴农、绿色兴农，让乡村"强"起来。二是坚持以打造美丽宜居新家园为目标，着力补短板、强弱项，让乡村"美"起来。三是坚持以实现共同富裕为方向，着力保障和改善农村民生，让乡村"富"起来。四是坚持以深化农村土地制度改革为主线，着力破除体制弊端，让乡村"活"起来。

内蒙古

内蒙古自治区提出了"五个聚焦"。一是聚焦产业兴旺，提升发展质量，加快实现由农牧业大区向农牧业强区转变。二是聚焦生态宜居，强化绿色引领，切实筑牢我国北方重要生态安全屏障。三是聚焦乡风文明，促进文化兴盛，精心守好各民族共有精神家园。四是聚焦治理有效，着力固本强基，切实筑牢祖国北疆安全稳定屏障。五是聚焦生活富裕，增进民生福祉，更好满足广大农牧民美好生活需要。

吉林

吉林省提出了"五个重点"。一是加快推进率先实现农业现代化，强化乡村振兴产业支撑。二是全面发展农村经济，拓宽实现生活富裕渠道。三是提高农村社会发展水平，建设幸福宜居新家园。四是加强生态文明建设，打造"美丽中国"吉林样板。五是加强党的领导，完善乡村振兴各方面保障。

云南

云南省提出了"五个重点"。一是以产业兴旺为重点，提升高原特色农业发展质量。立足云南多样性资源的独特基础，坚持质量兴农、绿色兴农，二是以生态宜居为关键，推进乡村绿色发展。牢固树立和践行"绿水青山就是金山银山"的理念，统筹山水林田湖草系统治理。三是以乡风文明为保障，繁荣兴盛乡村文化。传承发展提升各民族农村优秀传统文化，加强农村公共文化建设，开展移风易俗行动，形成文明乡风、良好家风、淳朴民风。四是以治理有效为基础，推动农村和谐发展。坚持自治、法治、德治相结合，建立健全党委领导、政府负责、社会协同、公众参与、法治保障的现代乡村社会治理体制。五是以生活富裕为根本，提高农村民生保障水平。

第二章
脱贫攻坚
——为乡村振兴开路

第一节　以脱贫攻坚引领推进乡村振兴

一、脱贫攻坚取得了显著成就

纵观中国的历史，可以说是一部中华民族与贫困作斗争的历史。在5000多年的华夏文明中，几乎找不到一段全民都能实现温饱的盛世。特别是近代以来，由于西方列强的入侵，中国一直处在动荡不安的环境中，人民生活都难以保障，那时候的中国人民，最切实际的愿望就是摆脱贫困。直到如今，脱贫攻坚，仍然是摆在我们面前的一大任务，也是实现中华民族伟大复兴的重要内容。

党的十八大报告明确提出了"全面建成小康社会"。党的十八大召开后不久，党中央就突出强调"小康不小康，关键看老乡，关键在贫困的老乡能不能脱贫"，承诺"决不能落下一个贫困地区、一个贫困群众"，拉开了新时代脱贫攻坚的序幕。

2017年，党的十九大又提出了精准脱贫，这是脱贫攻坚战的三大战役之一，并对其进行全面部署。在全党和全国人民的不懈努力之下，以及把脱贫攻坚始终放在突出位置的前提下，我国取得了脱贫攻坚的全面胜利。这一奇迹，就是在世界历史上，如此大规模的贫困人口在如此短时间内摆脱贫困，也是从来没有过的。

党的十八大以来，我国每年就有1000万人口脱贫，相当于一个中等国家的人口脱贫。也就是说，这些人能够保证不愁吃、不愁穿，能够享受义务教育、基本医疗和住房安全，即我们所讲的"两不愁三保障"。此外还有安全的饮用水。正是因为农村人口的全部脱贫，才为我们全面进入小康社会作出了关键性的贡献。数据说明一切。在全球贫困状况依然严峻、一些国家贫富分化加剧的背景下，我国提前10年实现了《联合国2030年可持续发展议程》减贫目标。

脱贫攻坚的全面胜利，不仅意味着中国人民正走在通往美好生活、实现共同富裕的康庄大道上，也意味着我们要设立新的目标和新的起点。可以说，扶贫摘帽不是我们的最终目标，而是我们下一个目标的新起点。虽然我们取得了现在的成绩，但是我国仍然需要解决发展不平衡和不充分的问题，以及解决缩小城乡差距的问题。为了实现中国人民的全面发展和全体人民的共同富裕，我们依然任重道远。脱贫攻坚，是乡村振兴的基础和推动，下一步就要做好衔接工作，以确保乡村振兴的目标完成。

二、乡村振兴是社会主义现代化建设的新征程

一直以来，促进全体人民的共同富裕，都是我国促进社会主义现代化建设新征程中非常重要的一环。作为实现中华民族伟大复兴的一项重要任务，乡村振兴战略无论在实施的广度、深度还是难度上，都比脱贫攻坚更深入。在脱贫攻坚的过程中，我们为乡村振兴打下了基础，也锻炼了队伍。但是，发展乡村振兴，还需要我们贯彻新的发展观念，逐步适应构建新发展格局的战略目标。这就要求我们要加快建设农业和农村的现代化步伐，朝着第二个百年目标奋勇前进。

首先，如期打赢脱贫攻坚战是实施乡村振兴战略的基础。2021年2月25日，在全国脱贫攻坚总结表彰大会上，习近平总书记庄严宣告，经过全党全国各族人民共同努力，在迎来中国共产党成立100周年的重要时刻，我国脱贫攻坚战取得了全面胜利，创造了又一个彪炳史册的人间奇迹。

就在同一天，国家乡村振兴局正式挂牌，这既是我国脱贫攻坚战取得全面胜利的一个标志，也是全面实施乡村振兴，奔向新生活、新奋斗的又一起点。如期脱贫既是实现全面达成小康的前提条件，也是下一步实施乡村振兴战略的基础条件。

经过脱贫攻坚摆脱贫困之后，贫困地区不仅人均年可支配收入达到脱贫标准，而且具备了自我发展的能力和可持续发展的基础，包括水、电、路、气、网等基础设施，政务、医院、学校、文化、娱乐等公共服务，以及适合贫困地区发展的产业基础等。乡村振兴就是贫困地区在脱贫攻坚的基础上进一步向快速、高质量、可持续发展迈进。

由此，我们可以得出结论，脱贫攻坚是与乡村振兴战略的有机衔接。在脱贫攻坚进入最后冲刺的时候，在扶贫领域也暴露出一些问题。比如，一些地方由于过度关心当前形势下的脱贫，出现了短视现象，使得扶贫产业出现了不可持续发展的苗头。再比如，在一些扶贫项目中，尽管有的移民点和移民村建得不错，但是入住的人不多，并没有显现一个新村应该焕发的活力。再者，很多乡村干部对于脱贫之后该如何进行下一步的发展，其实并没有什么规划。因为他们本来也没有对当地的农村发展具备明确的发展目标，更谈不上长远打算了。

其次，脱贫攻坚的利好政策将为乡村振兴继续发力提供有力的保障。2019年4月，习近平总书记在重庆考察时强调要保持政策的稳定性、连续性，提出了"四个不摘"要求："贫困县党政正职要保持稳定，做到摘帽不摘责任；脱贫攻坚主要政策要继续执行，做到摘帽不摘政策；扶贫工作队不能撤，做到摘帽不摘帮扶；要把防止返贫放在重要位置，做到摘帽不摘监管。"这些指示，将为贫困地区从脱贫攻坚走向乡村振兴保驾护航。同时，脱贫攻坚加深了党同人民群众的联系，增强了人民群众对党和政府的信任，从而提振了从脱贫攻坚迈向乡村振兴的信心。

最后，脱贫攻坚也激发了贫困地区人民的内驱力。习近平总书记在关于精准扶贫的讲话中强调"五个一批"，其中"发展教育脱贫一批"，将会长期发挥积极作用。"扶贫必扶智，治贫先治愚。"在脱贫攻坚过程中，这些贫困人口逐渐学会了摒弃陈旧的思想和落后的观念，激发了他们创富的内生动力。这种动力，也是贫困地区走向乡村振兴的根本动力。

正是在这些因素的促使下，乡村振兴战略的提出，因为有目标、有要求、有时间表，给农村的下一步发展指明了方向。这不仅对脱贫攻坚具有重要的指导意义，还是脱贫攻坚的有机衔接，是社会主义现代化的新征程。

三、协同推进脱贫攻坚和乡村振兴，要掌握好三点

一是做好基础设施建设，为长远发展考虑，确保质量要耐久。在过去的脱贫攻坚工作中，我国的农村基本建设已经取得了很大的成就，农民的生活条件也得到了很大幅度的改善，但是在一些贫困地区，由于缺乏科学的规划和长远的设计，对脱贫攻坚的标准放得很低，导致一些扶贫领域基础设施重复规划和重复建设。这就要求脱贫攻坚的基础设施建设要着眼长远，标准不能太低，更不能凑合，既要当前适用，也要以后管用。

二是在农村要做好产业布局，用好的产业留住好的人才。当前的移民新村和乡村振兴都面临一个很棘手的问题，就是人才缺乏，如何能留住人，特别是年轻人才，非常重要。在脱贫攻坚布局时，应该考虑产业发展的可持续性，考虑发展一些能吸引年轻人的产业项目。在有条件的地区，可以考虑走产业融合之路，通过第三产业吸收年轻人，再由此将他们向第一第二产业引流，实现产业留人。

三是打好生态建设牌，帮助乡村打造美丽家园。这些年来，我们国家采用封山禁牧、退耕还林等政策措施，帮助贫困地区逐渐恢复生态环境。

乡村振兴全程操盘及案例解析

但是，一些地方迫于资金短缺的压力，将部分生态建设的资金用到了脱贫攻坚当中，这种做法缺乏长远考虑，减少了生态保护的投入。有的地方不适合发展工业，却要上一些工业项目，这些都不利于生态环境的改善。还有的个别地方不顾环境保护，只为短期利益，上一些高耗能、高污染的化工项目，影响了可持续发展。所谓"十年树木，百年树人"，生态建设是一项长期工程，搞好生态建设，不仅可以巩固脱贫成果，还可以为乡村振兴打下良好的基础。

第二节　脱贫攻坚与乡村振兴有效衔接的关键点

脱贫攻坚收官之际，正值乡村振兴战略发力之时，两大战略任务衔接，当务之急是找到二者的共同点和差异，通过政策内容和实施方式的合理调整，实现脱贫攻坚和乡村振兴两大战略有效衔接。

两大战略最大的共同点就是二者的目标都与"两个一百年"奋斗目标一致，战略目标之间相互联系，相互衔接，不断提高，逐步深化，体现了连续性和阶段性的统一。在实现目标的过程中，很多内容是共融的。就比如"三农"问题，二者都从产业发展、移民搬迁、基础设施改善、乡村治理、民生保障以及体制机制构建等方面做出制度安排。而那些关乎民生的基本保障和兜底脱贫措施，也是乡村振兴战略中推进城乡基本公共服务均等化的重要指标。另外，两大战略的主体都是农民，只不过脱贫攻坚的主体是贫困的农民，所以要想战略实施顺利，都离不开农民的自驱力。

两大战略也有不同之处，因为存在时间维度的先行后续关系，又存在空间维度的交叉重叠关系。这种双重维度的协同关系决定了两大战略的政策着力点也不相同。二者在优先任务与顶层设计、实现标准、针对的对象、施策谋划、问题重心等方面，都有很大的差别。所以，在面对二者的衔接时，就要注意将关键点放在以下七个方面：

一是政策配套衔接。《中共中央、国务院关于全面推进乡村振兴加快农业农村现代化的意见》明确强调："脱贫攻坚目标任务完成后，对摆脱贫困的县，从脱贫之日起设立5年过渡期，做到扶上马送一程。"

也就是说，在这5年的过渡期内，首先要保证稳定现有的主要帮扶政策，并且做出合理的分类优化调整，从节奏、力度和时限上都要把握好。将原本集中资源支持脱贫攻坚的力量，转向乡村振兴，要平稳过渡，将"三农"工作的重心进行历史性的转移。这就要求各级政府要出台各项政策优化的具体实施办法，给下一步工作铺路。

另外，还要求各级政府在过渡期内落实"四个不摘"要求。现有的帮扶政策，该继续的继续，该优化的优化，该调整的调整，将政策连续下去，不能有断层。而在脱贫攻坚中，落实到位的教育、医疗、住房、饮水等惠及民生的政策，也一定要继续保持稳定。

二是建设项目衔接。在脱贫攻坚过程中，很多贫困地区开展了一些基础设施建设项目，虽然脱贫攻坚战告一段落，但是这些工程项目不能停，特别是那些尚未完成的项目，一定要切实落实好，继续完成。要抱着长线发展思维，确保基础设施工程成为造福人民、造福一方的好工程。而对于已经建成的项目，比如脱贫地区的配套基础设施、产业园区配套设施、公共服务设施等，更要结合乡村建设的实际情况，推进项目向村里和每一户农民家里延伸，提高项目的公共服务能力。

三是产业衔接。在一些脱贫地区，产业虽然搞起来了，但是由于资金、技术、人才的缺乏，以及市场的支撑力度不够，发展得相当不稳定。一旦帮扶政策和帮扶干部撤走，整个产业就会面临垮塌的危险。

所以，即便是一些产业在脱贫攻坚阶段发展起来了，也要注意继续培育和延伸后续的产业，不仅要尊重市场和产业本身的发展规律，还要提高产业的抗风险能力，确保具有市场竞争力。发展产业的时候，要注意以市场为导向，要让市场在资源配置中起到决定性作用，政府行为只是与之打好配合。

此外，要继续加大对扶贫地区的产业支持，加快补上技术、设施、营销等短板，特别是要就地发展农产品加工业，把产业链的主体留在县域、乡村，让脱贫群众更多地分享产业发展成果，促进他们就近就地就业。随着城乡居民消费升级，还要大力发展特色产业，推进一村一个品牌、一县一个产业，从而形成稳定的产业链和供应链。

四是社会治理衔接。就是在脱贫攻坚阶段形成的科学有效的社会治理机制，还要继续保持并且进一步完善，适时推进治理机制和治理能力的现代化。特别是在脱贫地区，基层的社会治理还要继续加强，构建党组织领导的乡村治理体系。

目前乡村治理制度有自治、法治、德治"三治"相结合的治理体制和机制，还需要进一步完善。比如可以开展乡村治理创建工作，创建民主法治示范村，培育农村学法用法守法示范户，加强乡村人民调解组织队伍建设，推动就地化解矛盾纠纷。

此外，还有一项重要内容是推进平安乡村的建设，需要各乡村加强应急管理和消防体系建设，把自然灾害、公共卫生、安全隐患等重大事件的风险评估、监测预警和应急处理等措施做到位。

五是工作机制衔接。在扶贫攻坚阶段，很多地方都形成了很好的工作机制，积累了很多有用的经验，这些都可以在乡村振兴实施过程中继续发扬光大。因此，需要好好提炼，从中汲取营养，使之成为乡村振兴工作的得力抓手，不断促进乡村振兴取得成效。

比如，在脱贫攻坚阶段曾经实施过的"万企帮万村"、定点帮扶等措施和经验，都可以继续运用在乡村振兴工作中。此外，各地方政府在脱贫攻坚阶段，也在实践中摸索出一套行之有效的工作方法，可以继续优化和总结，在乡村振兴中继续发扬光大，让这些好的工作机制常态化、制度化。

在脱贫攻坚工作中形成的组织推动、要素保障、政策支持、协作帮扶、考核督导等工作机制，也可以根据实际需要运用到乡村振兴，建立上下贯通、精准施策、一抓到底的乡村振兴工作体系。

六是强化文化引领。乡村振兴中有一个关键环节是文化振兴。文化本身具有很特殊的力量，能够带动人类的精神世界，促使大家形成相互连接的精神纽带。在共同的文化活动中，相互联结的人们能够共同消除困顿，获得共同的价值和快乐，更容易团结起来。通过文化振兴，可以激发农民的信心和力量，树立发展的信心，生发激情，从而为乡村振兴注入激情和活力，这才是乡村振兴的动力。

只有进行文化的熏陶，才能够提高农民的思想道德水平和科学文化素养，才能够改变他们固有的观念，促使他们改掉陈旧的观念，形成一个良性的循环。这样，农民才有可能主动学习，不断改进，从而整体进步。

比如，可以在乡村深入开展"听党话、感党恩、跟党走"宣讲活动，深入挖掘、继承创新优秀传统文化。持续推进乡村移风易俗，推广积分制、道德评价、红白理事会等做法，加大高价彩礼、人情攀比、铺张浪费、封建迷信等不良风气治理，推动形成文明乡风、良好家风、淳朴民风。

七是加强队伍建设。脱贫攻坚虽然已告一段落，但是乡村振兴是长期任务。之前在脱贫攻坚中，选派机关干部到乡村挂职锻炼、驻村帮扶等，是当时的历史条件下的必要产物。当任务转移到实施乡村振兴战略后，我们也要意识到，不能把长期的发展希望寄托在挂职锻炼和驻村帮扶上面，而是要根据本地区、本村的实际情况，选拔培养一批优秀的基层干部。只有在基层的工作人员，才最懂得当地的农民群众最需要什么，以及了解当地的实际情况,知道当地的经济应该怎么发展。

所以,要加强基层领导干部的队伍建设,要建设好乡镇党委、政府领导班子和村支"两委"班子,在基层打造一支带不走的、可以长期驻扎在基层的工作队。

第三节 脱贫攻坚与乡村振兴衔接
——河南濮阳案例

河南省濮阳市是河南的东北门户，是国家重要商品粮生产基地和河南省粮棉油主产区之一，也是全省"三山一滩"扶贫开发重点区域。2020年，濮阳市打赢了脱贫攻坚战，迎来全面小康。

截至2021年，濮阳县、范县、台前县高质量脱贫摘帽。贫困地区农村居民人均可支配收入增速连续5年高于全省平均水平。此外，濮阳市还实现了贫困村标准化卫生室和村级综合性文化服务中心的全覆盖，而且农村的户用卫生厕所和无害化卫生厕所的普及率也全部达标。村村之间百分百直通客车，全部公交化。全市贫困人口也都有基本医疗保障。

在建档立卡之初，濮阳市共有3个贫困县，其中范县、台前县是国家级贫困县，濮阳县是省级贫困县，台前县还是全省4个深度贫困县之一，脱贫攻坚难度很大。即便是在这样的条件下，在全省脱贫攻坚成效考核中，濮阳市仍然获得了"好"的等次，扶贫车间做法入选国家精准扶贫典型案例，濮阳市3个集体、5名个人分获全国脱贫攻坚先进集体和先进个人。可以说，濮阳市能取得这样的成绩相当不容易，也有很多地方值得其他贫困县借鉴。

一、党建引领，打响脱贫攻坚第一战

脱贫攻坚战打响之后，濮阳市迅速成立了脱贫攻坚领导小组，由市委书记任第一组长，市长任组长。面对贫困人口超过400人的8个乡镇，以及贫困发生率超过1.5%的108个村，小组立刻进行挂牌分包，市级领导分包8个重点乡镇，而各县区县级干部分包108个重点村，并实现了第一书记全覆盖。

在领导小组的努力下，濮阳市充分发挥党建的引领作用，将扶贫和扶志相结合，组织开展红色文艺轻骑兵、科普大篷车下乡、公益演出下基层、戏曲进乡村等主题活动，不断丰富农村人民精神层面的生活。同时，还建设了196个爱心超市，让贫苦户可以通过"勤劳获取积分，积分兑换奖品"活动，激发他们脱贫致富的内在动力。

此外，领导小组还组织开展"双联四推六覆盖"活动，将每月5日定为"党员主题扶贫日"，每周三定为"蹲点扶贫日"，全市4万多名帮扶干部、800个驻村工作队、2615名驻村干部开展精准帮扶，为长效工作"再加一把火，再出一把力"。濮阳的这种做法也得到了省委组织部的认可，在全省进行推广。

二、集中优势，搞好产业扶贫

粮食生产一直是河南省的一大优势，所以河南省重点打造全国粮食生产核心区。濮阳市作为国家的重要商品粮生产基地，又是全省粮棉油主产区之一，自然不能放松粮食生产，因此想出很多办法，以巩固农业在乡村振兴中的地位，坚决捧好这只"金饭碗"。

这些年，河南省一直坚持藏粮于地、藏粮于技，始终把粮食安全的责任扛在肩膀上。近年来，濮阳市粮食总产量稳定在270万吨以上。建成高标准农田321万亩，占全市耕地总面积的76%。2020年粮食总产量达到

299万吨，创历史新高。且粮食安全市长责任制考核全省第一。

在产业扶持方面，濮阳也加大了力度。全市投入财政扶贫专项资金36.2亿元，因地制宜谋划实施1976个产业扶贫项目，建设扶贫车间348个。发放扶贫小额信贷35.4亿元、精准扶贫企业贷款6.2亿元，为居民脱贫增收提供了强劲动力。

此外，全市还依据"一县一业，一乡一品"的指导路线，因地制宜发展特色产业。比如，濮阳县重点培育优质小麦和花生，清丰县重点发展食用菌，南乐县重点培育优质果蔬，范县重点培育优质稻米和小龙虾的养殖，台前县搞肉鸭养殖，而开发区则注重鲜切花等特色农业。同时，全市共建成了百亩以上的设施农业园区319个，"六优"农业种植面积315万亩。南乐县古寺郎胡萝卜、范县大米获得国家农产品地理标志保护，20余种特色优质农产品进入上海、北京等大市场。

同时，濮阳市还推动"粮头食尾、农头工尾"，深入实施粮食精深加工、畜牧养殖加工、副食品加工、食用菌生产加工四大农业特色产业集群培育工程，实现产值121.3亿元。培育壮大南乐县德信食品、众汇食品等一批本土企业，南乐县德信白羽小肉鸡年出栏达3000万只，年屠宰规模达6300万只，产值突破9亿元，位居全省前列。

目前，濮阳市的国家级、省级农业产业化龙头企业达到189家，优质农产品进军高端市场，13家农业品牌入选河南省知名农业品牌目录，并获评"河南省农产品质量安全市"。

三、坚持"四个不摘"，有效衔接乡村振兴

虽然濮阳市在脱贫攻坚战中取得了很好的成绩，但濮阳市政府依旧明确表示，要想使脱贫攻坚和乡村振兴有效衔接，就得确保政策不能断档。因为脱贫摘帽并不是我们追求的终点，乡村振兴将我们带到了新生活、新

奋斗的又一起点。

在这种背景下，濮阳市坚决保持"四个不摘"，这样才使得政策总体保持稳定的状态。

一是坚持"摘帽不摘责任"，严格落实市县乡村四级书记抓巩固拓展脱贫攻坚成果和乡村振兴的工作机制，做到思想不懈怠、工作不断档、责任不缺位。

二是坚持"摘帽不摘政策"，在新政策出台实施前，原有政策一律不退、力度不减，确保工作不留空当、政策不留空白。

三是坚持"摘帽不摘帮扶"，继续实行领导干部联系帮扶、市县驻村帮扶、市结对帮扶范县、"千企帮千村"等帮扶机制。

四是坚持"摘帽不摘监管"，对脱贫县、村、户加强跟踪监测，及时发现解决影响巩固脱贫攻坚成果的苗头性问题。

在具体的实践过程中，濮阳市为了防止部分村镇返贫致贫，对全市2206户不稳定户和处于边缘的3330户易致贫户进行常态化的监测预警。同时，全市还建立了县乡村三级监测帮扶平台，以便确保"两不愁三保障"问题动态清零。

同时，全市还建立了预防机制，针对重点人群不时排查，对农村低保对象、农村特困人员以及因病、因灾、因意外事故等导致基本生活出现严重困难的农村低收入人口开展重点摸排，实现早发现、早干预、早帮扶，筑牢防返贫、防致贫防线。

四、着眼"十四五"，乡村振兴五步走

一是保证粮食生产安全重任。濮阳市的粮食种植面积要一直稳定在642万亩以上，确保粮食产量维持在50亿斤以上。在这个过程中，一方面要坚决遏制耕地"非农化"，防止耕地"非粮化"，要严防死守406万亩耕地保有量和342万亩基本农田的基本红线。

二是发展优势产业，塑造濮阳品牌。一方面是发展壮大畜牧养殖业，做强生猪产业，做大牛羊产业，做优家禽产业，构建现代畜牧业生产体系、经营体系和产业体系。另一方面，大力发展农产品精深加工业。充分发挥优质又有特色的农产品的优势，和上海进行农业战略合作，打造濮阳品牌，将中原的味道传到黄浦江畔。

三是补齐短板，打造生态宜居家园。重点实施好丹江水进农村、农村硬化路"户户通"等工程，持续提升农村寄宿制学校、乡镇标准化卫生院和村级综合服务中心等服务水平。深入实施治垃圾、治污水、治厕所、治庭院等工程，创建一批"四美乡村"，打造生态宜居家园。

四是促进改革，增添乡村振兴活力。这些改革包括放活农村承包地的经营权，盘活农村宅基地的使用权，通过土地入股、代耕代种、订单农业、土地托管等形式，将小农户和大的市场联结起来，形成利益机制，探索新型的农业经营主体，促使农村新型集体经济的发展。

五是发挥示范村的榜样力量。在抓乡村振兴工程的过程中，不断催生一些示范乡镇和示范村，用以点带面的形式，全域推进，促使全市的乡村建设从产业、人才、文化、生态、组织等各方面实现全面的振兴。农业高质量发展了，农村建设高质量示范了，农民生活也就高质量了。只有三方面全方位深度融合，才能实现乡村振兴的伟大目标。

第四节　数字农业基地案例

早在1997年，数字农业的概念就已经被提出，指的是在地学空间和信息技术支撑下的集约化和信息化农业技术。换句话讲，就是用地理信息、网络通信、自动化等高新技术"嫁接"地理学、农学、生态学、土壤学等基础学科，生成新农业，解决传统小农经济的散乱、低效、靠天吃饭的状况。

在互联网时代，数字农业的概念又有了新的延伸，就是在"互联网+"的基础上进行突破，将全产业链进行深度的数字化变革，提升农业在耕、种、管、收、加工、物流、买卖等环节的生产效率，优化资源配置，解决传统农业的痛点。

数字农业一直备受党中央的重视。2020年3月，农业农村部、中央网信办联合印发了《数字农业农村发展规划（2020—2025）》，明确了新时期数字农业农村建设的思路，要求以产业数字化、数字产业化为发展主线，着力建设基础数据资源体系，加强数字生产能力建设，加快农业农村生产经营、管理服务数字化改造，强化关键技术装备创新和重大工程设施建设，全面提升农业农村生产智能化、经营网络化、管理高效化、服务便捷化水平，以数字化引领驱动农业农村现代化，为实现乡村全面振兴提供有力的支撑。

这是贯彻落实党中央、国务院关于"发展数字经济""建设数字中国""实施数字乡村战略"的重大举措，对推动信息技术与农业农村全面深度融合，引领驱动乡村振兴具有重要意义。

从各大企业纷纷布局数字农业也可以看出，数字农业已经站在农业发展的风口浪尖上，华为、腾讯、拼多多等企业，都在数字农业领域做出了相应的举动。

一、华为——借助技术促使企业数字化转型和海水稻培育

华为作为技术派，凭借着自身的技术优势，一直希望通过技术来帮助传统产业进行数字化转型。

2019年8月，华为技术有限公司与北大荒农垦集团公司签署战略合作协议。根据协议，双方将在华为云建设、平安垦区、智慧农业及人才培养等方面深化合作。双方将利用自身资源和行业优势优先为对方提供全方位的支持服务，秉承优势互补、资源共享的原则，联合探索打造新的业务发展模式，全面推进北大荒集团数字化转型。

双方将在云计算、大数据、人工智能及5G技术等方面展开深入合作，推动农业产业数字化、数字农业产业化，为中国农业产业赋能。

除了与北大荒合作之外，华为还与袁隆平携手打造"互联网农场"。袁隆平曾经提出要培育海水稻，通过土壤数字化，让盐碱地长出水稻，从15亿亩盐碱地里改造出1亿亩的良田。

盐碱地改良的核心技术是"四维改造法"，包括培育新的水稻品种、对植物和土壤进行调节，整套方法的基础是"要素物联网系统"。这项核心技术需要华为的支持。如果耐盐碱的水稻品种培育成功，通过8—10年的努

力,让全国发展到 1 亿亩耐盐碱的水稻品种,那么全国每年就可以增收 300 亿公斤粮食,意味着能多养活 8000 万人口。

二、腾讯——利用 AI 技术种植黄瓜

作为一家科技公司,腾讯也不甘示弱,利用自身的技术优势切入传统农业,希望通过技术赋能逐渐参与到传统企业的产业链中。

2018 年,腾讯借助 AI 技术种植黄瓜。有报道称,腾讯的 AI 黄瓜每平方米的产量可以达到 114 斤。腾讯种植 AI 黄瓜是完全搭建出来的植物生长仿真器,也就是说从气候、温度、湿度等各方面都模拟适合黄瓜的生长规律,并且将这些参数和人工智能连接在了一起。

在腾讯的仿真系统里面,可以对黄瓜生长的环境,比如光照、湿度、温度和通风情况等做到实时监控,然后根据参数的变化来操纵机器人干活。

除了用机器人种植黄瓜,腾讯公司还与传统企业合作,将互联网技术赋能给传统的农业生产。比如,腾讯和新希望集团投资 2.5 亿元成立合资公司,命名为新腾数致网络科技有限公司,业务涉及战略布局农业互联网、智慧城乡等领域。

三、拼多多——以销定产,反哺生产端的数字化

拼多多不仅改变了传统渠道,还借助技术、流量等优势对农产品供应链进行重构,实现"以销定产"的新型消费链模式。

自 2019 年以来,拼多多携手褚橙、寿光等传统农业品牌,借助"拼农货"模式,推动企业或品牌数字化转型与升级。2019 年,褚橙与新电商平台拼多多达成了战略合作协议,其旗下的"云冠橙"上线拼多多,以新电商特有的"多实惠、多乐趣"新物种优势,助力褚橙形成新的产

品线。

2020年，享有"中国蔬菜之乡"美誉的山东省寿光市，携手农产品上行平台拼多多打造的"寿光蔬菜馆"正式开馆上线。以万人团及百亿补贴的形式登陆馆内，借助线上展销及社交电商的超短链模式，加速面向全国消费者。

综上所述，无论从生产端还是流通端，数字技术都为传统农业开辟了一条更加有效、便捷的道路。比如在生产端，农业生产可以通过遥感技术、各种传感节点技术等，有效监控和预防农业生产中的苗情、病虫害等情况，还能对农作物的生长环境和本体的成长情况，进行数据采集、智能预警、智能决策等操作。而在流通端，拥有技术的平台公司，同时又可以为农产品提供数字化、智能化、标准化、电商化、品牌化的渠道，打造出类似五常大米、阳澄湖大闸蟹等区域"极致单品"，并以品牌效能拉动订单式农业生产，实现产销一条龙的无缝对接。

数字农业基地模式作为助力农村产业振兴的一种路径探索，能把销售渠道端的优势与基地在供应链端的优势有机结合起来，形成一个前台、中台、后台彼此支撑的生态型价值网络。这一模式，不仅可以吸纳受教育程度不高的初等劳动力就业甚至创业，还能有效推动传统农民向现代农业产业工人的就地转化。

随着国家对农村发展的扶持力度加大，农村集体"三资"（资金、资产和资源）管理成为农民关注的热点。从上述案例也可以看出，数字化技术的应用，为"三资"管理提供了新的有力手段，不仅打造了很多"三资"管理数字化平台，也开启了"三资"管理的数字化时代。与此同时，大数据、人工智能等技术在农业产业的应用，也进一步促进了农业生态数据化的进程。目前一些先进地方的农业产业，已经开始逐渐形成比较完整的数字化、科学化的生态数据系统，为拓展产业领域、进行产业升级、提升一二三产业的融合作好准备，这也是农业产业向现代化发展的大势所趋。

第三章
深化农村改革
——为乡村振兴奠基

第一节　加强乡村基础设施建设

要想让农民过上好日子，诸如道路、电力、饮用水、住房和人居环境等都是最基本的元素。但是，在很多农村，特别是贫困地区和偏远地区，这几个方面的条件还没有达到，和发达地区的差距很大，如此下去，农民的生活得不到保障，就会引起其他方面的匮乏，从而限制地区的经济发展。如果在医疗、教育、社会保险方面不能做到基本的保障，就没有办法促进人的发展并实现现代化。这样不仅脱贫变得艰难，更谈不上乡村振兴。

因此，中共中央、国务院在2018年印发了《关于打赢脱贫攻坚战三年行动的指导意见》，对脱贫攻坚的指导思想、任务目标、工作要求等作出具体部署。其中，关系到贫困地区的基本设施建设成为"任务目标"的重要内容，提出"实现贫困地区基本公共服务主要领域指标接近全国平均水平"的总体要求，具体内容包括"乡镇和建制村通硬化路，贫困村全部实现通动力电，全面解决贫困人口住房和饮水安全问题，贫困村达到人居环境干净整洁的基本要求"等。

这几年，国家对农业农村基础设施建设的投入持续加大，工作不断加强，但由于历史欠账过多，农业基础脆弱、后劲不足的问题依然十分突出。按照统筹城乡发展、夯实农业农村发展基础的要求，脱贫攻坚之后，乡村基础设施建设更不能懈怠。

因为基础设施的完善和人们生活环境的改善不仅是贫困地区彻底脱贫

的基础性条件，也是关系到人们生存生活质量和发展质量的关键要素，还是贫困地区稳定脱贫、不再返贫的重要保障。因此，即便我们现在已经如期完成了脱贫攻坚的任务，也要继续坚持搞好乡村基础设施建设，为下一步乡村振兴作准备。主要可以从以下几个方面着手：

一是加快补齐贫困地区基础设施的短板。首先要改善和建设一批贫困乡村旅游路、产业路、资源路，优先改善人文环境，发展少数民族特色村寨和风情小镇等旅游景点的交通设施。因此，要有乡村公路的建设规划，并且要适应顾客的需求和旅游市场的发展趋势，为顾客创新出更多特色的主题性旅游产品，为游客提供主题突出、特色鲜明、交通便捷的休闲体验。

二是抓好规划和编制工作。乡村建设要想搞好，首先得有一个施工图，这个施工图就是乡村规划。必须坚持规划先行，先规划后建设，让规划走在前面，也就是老百姓经常说的"富规划，穷实施"。规划里面，要明确乡村的布局和分类，积极有序地推进多规合一的实用性村庄规划编制。对于既具备条件自身又有需求的村庄，最好做到规划全覆盖。自从提出乡村振兴战略，我国东部地区行动比较早，已经具备好的经验。

目前脱贫攻坚已经为下一步的发展打好了一定的基础，我们一定要立足于现在的成绩，保留乡村的原有特色风貌，尽量不要搞大拆大建。在村庄拆并的问题上，一定要严格规范，不能违背农民的意愿，要以为农民服务为宗旨，不强迫。

三是重点抓乡村的硬件设施建设。具体来说，就是加大以小型水利设施为重点的农田基本建设力度，加大农村公路建设力度，加大农村饮水安全工程建设力度，加大农村能源建设力度，加大农村电网建设力度，加大农村信息化建设力度，加大农村人居环境建设力度，加大农村教育文化卫生基础设施建设力度。

完成这些硬件设施的建设，才算是基本达成美丽宜居乡村的基本要求。比如农村的水电气房讯等设施条件都齐全了，5G、物联网等新基建都在向农村覆盖延伸了，而自然村的道路通畅了，冷链物流也能到达偏远乡村了。这些对于乡村经济发展来讲，都是可以发挥远期作用的。因此，要建立好长效管护机制不能只做面子工程，而是要让这些设施为当下和未来的发展发挥作用。

四是强化公共服务功能。适应农村人口结构和经济社会形态的变化，持续推进县乡村公共服务一体化，强化县城综合服务能力，加强乡镇为农服务中心建设，提升城乡公共服务均等化水平。为了提高乡村的公共服务水平，建立起城乡公共资源均衡配置的机制，使得基本的公共服务配置向乡村统筹，就必须聚焦乡村的教育、医疗、养老和社会保障等重点问题，加快进行解决，让乡村的农民也尽快享受到城里的福利，实现城乡基本公共服务的均等化。

五是提升乡村人居环境。启动实施农村人居环境整治提升五年行动，促进城乡面貌显著改善。重点支持中西部地区农村改造户用厕所，一体推进农村改厕和污水治理，推进有条件的地方开展农村生活垃圾源头分类治理，深入推进村庄洁化和绿化，切实增强农村的宜居性和群众的满意度，全面提升农村生活垃圾治理水平，建立美丽宜居宜业乡村。

六是加强农业基础设施建设。最基本的就是加大对"三农"的支持力度，在这个基础上催生更大的投资和消费需求。农村作为粮食的主要产地，一定要加强粮食和农业的综合生产能力。我们国家已经有了新增千亿斤粮食生产能力的规划，怎样落实以尽快形成生产能力，才是我们迫切需要解决的问题。

因此，农业的基础设施建设不能停，其中农田水利是重点。唯有这样，才能提高农作物抗灾防灾的能力。

育种培育也是发展农业的一项重点任务,有助于加强农业的科技创新和推广。按照现代农业发展的要求,我们必须加大资金投入,整合科研的力量,明确农业的科技创新方向和重点,力争在关键领域和核心技术上实现重大突破。

七是调动社会力量。在我们面临的从脱贫攻坚到乡村振兴的衔接阶段,有很多亟待解决的重点、热点和难点问题,这些问题不应该只是乡村的问题,也不应该只是农民的问题,而应该引起全社会的紧迫感。只有充分激活社会各界的力量,才能凝聚起社会公众与乡村振兴的强大合力,顺利完成今后的目标和任务。

比如,本书第二章所讲的数字农业基地案例,就是很好的社会力量与农业产业相结合的典型。这就要求政企合作,搭建平台,开辟渠道,为社会力量助推乡村振兴提供更加便利的条件。

第二节 促进农村产权交易

乡村振兴战略就是要按照产业兴旺、生态宜居、乡风文明、治理有效、生活富裕的总要求，建立健全城乡融合发展体制机制和政策体系，统筹推进乡村产业振兴、人才振兴、文化振兴、生态振兴和组织振兴。

在这个过程中，为了促进农村资源要素的市场化配置，推动和解决乡村振兴过程中的"钱从哪里来，人往哪里去，地当如何用"难题，就需要向乡村聚集大量的资本。资本从哪里来？充分释放农业产权价值便是一大利器。

一、农村产权交易对乡村振兴战略的实施至关重要

首先，农村产权交易可以促进乡村产业的快速发展。通过土地的经营流转，农村产权的利用效率会获得极大的提升，这就为推动农业深度转型和产业的升级提供了条件，可以促进农业的集约化和规模化经营，于是出现了各种种植大户、家庭农场、农业合作社等新型的农业经营主体。在一些有条件的乡村，还可以推动各类以特色产业为导向的田园综合体建设。

其次，农村产权交易可以改善农村的人居环境。农村产权交易，可以优化城市和乡村的土地资源配置，将农村土地的资产价值体现出来，交易中实现的级差地租返回给农村，有效解决了新农村建设中缺钱的问题。生活方式的转变带动了农业生产发展方式的转变。以成都为例，成都农村产权交易活动按照"1+N"模式配套了劳动保障站、卫生服务站、人口计生服务室、社会所进行建设用地指标交易和土地综合整治项目招商,撬动社会资金建成了一大批农村新型社区和聚居点。建设了不低于13个公共服务配套设施,极大地改善了农村人居环境,初步实现了城乡群众生活同质化,为"人往哪里去"和"可持续发展"找到了重要的出路。

再次,农村产权交易会增加农民的收入。没有农村产权交易的时候,农村的土地资源是死的,即便老百姓拿在手里,也不敢说有多少价值。进行产权交易之后,农民的这部分资产就变成了活的,农民可以处置这部分资源和资产,从改革发展和城市化建设中获得收益。这就是农村产权交易的根本意义。农民还可以借助农村产权交易平台的信息发布、辐射范围和专业手段等优势,大幅提升农村产权的交易价格,从而使得农户获得更多收益。

另外,农村产权交易还会促进农村金融的快速发展。众所周知,在农村,农业类的贷款存在很多不足,比如小额分散、抵押物不足、企业管理不规范等,有的信用评级很差,银行不愿意贷款给农村。有了农业产权交易之后,不同的区域形成了不同的价格,这样就给银行提供了数量级的参考,解决了银行贷款抵押物的价值难以确定的问题。而且,通过农村产权的规模化流转交易,会诞生一大批农业产业项目,这些项目的发展都需要源源不断的资金支持,反过来,这些项目又促进了银行在这一片蓝海的开发。假如银行等金融机构在农村金融中形成不良资产,也可以通过农村产权交易平台实现快速处置和变现,这就解除了银行的后顾之忧。

最后,农村交易产权加快了农村的民主化进程。这一政策是一项产权制度的改革,是建立在充分尊重农民意愿基础上的,不会强迫和命令农民去执行。总体上是发挥农民的主观能动性,并建立起让农民广泛参与的民主管理机制,大家的事大家商议。如果在产权交易过程中涉及农民之间的利益和矛盾，也由群众互相讨论解决。这种以民主的方式培养农民自主解决问题能力的方式，调动了农民群众参与民主决策和民主管理的积极性，能够有效推动农村改革发展，推动地方民主政治的发展和基层治理机制的完善，必然受到大家的欢迎。

二、农村产权交易有灵活的途径

可以说产权市场是和中国的经济体制改革同步发展并壮大起来的，和中国的股票市场一起，组成了中国的资本市场。而这些年最热门的领域，就是农村产权交易市场。伴随着农村产权交易的快速流转和优化配置，农村可以实现资产的资本化、农村资源的市场化、农民增收的多元化。这些都是推动乡村振兴的重要抓手。在推动农村产权交易时，其实有很多灵活的途径。

第一个途径是可以通过高效的服务系统，来助推农村产权交易的流转。在农村，不同的地方，产权交易的业务也是非常繁杂的，比如林木资源、土地资源、资源招租、设施设备等。怎样才能高效运作这些资源的产权流转呢？这就需要借助技术手段，搭建服务平台。

以广西为例，广西壮族自治区是林业大区，为做好林业方面的产权流转工作，设立了广西林权交易中心，并形成了具有广西特色的农村产权市场体系建设"1+N"模式。"1+N"中，"1"是指以"e农村"为标志的全区统一农村产权交易线上平台，"N"则是各县区市的农村产权交易服务中心。各个"N"端接入"1"，构成全区一张网、五级联动的农村产权交易市场体系和信息服务网络平台。以e交易系统为支撑的"e农村"，不仅可以搭建各等级农村产权交易平台站群结构，还可以同时满足"1+N"信息发布形式，即当上级平台推送消息到下级平台时，可以直接在下级平台显示；下级平台也可以向上级平台推送信息，审核后显示。同时e交易为其打造的个性化的竞价系统，为广西林权交易中心提供了方便快捷的操作界面、灵活多样化的竞价规则、丰富的终端支持方式，为其业务流转提供了优质服务与技术支持。依托 e 交易系统，2020 年广西林权交易中心挂牌金额达 88 亿元，交易额达 24.27 亿元。

第二个途径是以制度设计为重点，发挥市场的作用。以成都为例，成都以农村土地制度改革为切入点，探索开展农村土地经营权、林权、集体建设用地使用权、农村集体经济组织股权、农业类知识产权等农村产权的交易，深入开展农村土地综合整治腾退出的集体建设用地指标、占补平衡指标的交易，积极开展涉农资产处置服务。通过集中发布信息、组织流转、价值发现，实现流转对象多元化，产权价值最大化，增加了农民财产性收入，保障了农民的切身利益。通过农村土地经营权规模流转，实现了适度规模化经营，引入各类新型经营主体投资农业产业化项目，促进了农业产业结构调整，为乡村产业发展注入了新活力。

成都市通过集体经营性建设用地入市，为一、三产业的融合发展提供了充足的用地，营造了一个"引得来，做得久"的发展环境，将很多资金吸引到"农家乐""川西民宿"等乡村的特色产业中，由此产生的辐射效应，带动了 20 多万农民就地就业。

此外，成都市还采用"持证准用"建设用地指标交易和农村土地综合整治项目招商，累计撬动 600 多亿元社会资金投入农村，按照"小规模、组团式、微田园、生态化"的规划建设理念和"1+N"公共服务和基础设施配套标准，建成 1500 多个农村新型社区，改善了 45 万户 150 余万农民群众的生产生活条件，实现了农民就地就近城镇化。

第三个途径是让交易对接金融，让金融服务"三农"。早在 2015 年，成都市就开始探索"以交易促进融资，以融资促进交易"的金融服务，开创了交易与融资良性互动的局面。一方面是和各个银行机构的积极对接，另一方面开拓创新，开发出"指标贷"这样的金融产品，为全市多个美丽新村建设项目提供了资金保障，缓解了项目的资金压力。

第三节　重视农业供给侧改革

党的十九大报告中，习近平总书记曾擘画中国迈进新时代、开启新征程、谱写新篇章的宏伟蓝图，也提出了我国农业农村发展的战略要点和政策重点，乡村振兴就是其中一项宏大的任务，而农业供给侧改革，则是实施乡村振兴战略必须推进的一项重要任务。

一、农业供给侧改革，是以市场为主导的改革策略

农业的供给侧改革，会贯穿整个农业的生产、加工和流通等各个产业链，不仅给农业生产者和下游的加工企业、销售企业带来利润，也会带动很多新的机遇，从而促进农业农村发展。

第一，农业供给侧改革可以调节市场价格，激发市场的活力。比如，在农村市场，农民要想通过出售农产品增收，价格不能太低，太低就没有利润，但是也不能太高，太高就卖不出去。供需双方本就是存在矛盾的。另外，生产成本、中间商差价等因素，都影响了农产品的价格波动。一方面，我们可以通过市场本身来调节价格，让资源优化配置。另一方面，政府主要起引导的作用，通过间接手段，引导市场发挥最大的效用，管好那些市场管不了的事情。

而农业的供给侧改革，就是通过政策引导、恢复市场主导等策略，让"有为政府"促进"有效市场"。比如，"去库存"的策略，纠正了长期以来大家用最低收购价政策对市场价格造成的扭曲。而政府提出的调结构、提品质、强科技等策略都是对经济转型新时代的适应，来促进农业农村发展。

第二，农业供给侧改革可以破解供需矛盾。当下我国社会的主要矛盾是人民日益增长的美好生活需要和不平衡不充分发展之间的矛盾，大家的愿望不仅仅局限于吃饱、吃好，还要买得到、买得起高品质的农产品。这些年，绿色蔬菜、有机蔬菜、柴鸡蛋、野生菌等一批原生态的农产品特别受欢迎，但是比普通农产品的价格贵很多，老百姓一般消费不起这些优质的农产品。而高质量农产品受众一局限，市场打不开，生产就没有积极性。

第三，农业供给侧改革可以帮助重塑农产品品牌。三聚氰胺奶粉、瘦肉精、苏丹红等食品安全危机的阴影犹在眼前，类似的案例屡见不鲜，让民众对食品的安全产生了不信任感。这些年，我国对食品安全、粮食安全进行重新定义，赋予了更加丰富的含义，更加贴合我国经济社会发展的需要和我国人民美好生活的需要。我国现阶段的农产品，虽然在数量上供给充足，但是在质量上还存在很大的提升空间。

这时候，农业供给侧改革的作用就体现出来了。通过强科技等手段，重塑消费者对国内生产的农产品的信任，打破一味追求外国的东西质量好的消费观念，通过优质、健康、可信赖的质量和口碑，打造属于我国自己的农产品品牌。

二、农业供给侧改革的重点领域

第一个重点是抓中国的粮食和食品安全。过去十几年，中国粮食连年丰收，农业综合生产能力不断登上新台阶，国家粮食安全和重要农产品供给得到了有效的保障。但是我们也应该看清，我国的人口规模、消费结构、城镇化水平都在不断变化中，还没有达到顶峰，这些因素都影响着粮食需求的增长。

目前，我国距离城镇化的峰值水平还有增长空间。从日本、韩国和我国台湾地区的经验看，人均 GDP 达到 2 万美元以后，居民食物消费结构升级才基本稳定下来。据中国统计局数据显示，2020 年中国人均 GDP 1.13 万美元，所以，未来 20 年左右，在全面建设社会主义现代化国家的进程中，我国仍处在食物消费结构持续转变升级的过程中，除了口粮消费会继续下降外，其他农产品消费都还有较大的增长空间。

作为世界上最大的发展中国家，我们要确保将饭碗牢牢端在自己手上，要将中国的粮食主动权掌握在自己手里。推进供给侧改革，可能会调减一部分非优势产区的粮食生产，但是会确保口粮的绝对安全和谷物的供给。所以我们还采取了藏粮于地、藏粮于技战略，保护并优化粮食产能。

同时，在重视谷物基本自给自足的基础上，全方位地开发食物资源，满足人民群众日益增长的多元化的食物需求。在这种大农业观、大食物观的引领下，在制定政策的时候，既要强调口粮的安全，又要重视食物的安全。

第二个重点是完善产权制度，实现要素的市场化配置。

农民最关注的问题始终是土地问题。这点在党的十九大报告中，就很明确地体现出来，提出要保持土地承包关系稳定且长久不变，第二轮土地承包到期后再延长 30 年。

我国在推行家庭联产承包责任制改革时，前两轮农村土地的承包期限加起来是 45 年，很多地方到 2025 年左右就到期了。如果加上 30 年的年限，三轮的承包期限加起来有 75 年。这等于给农民打了一剂稳定剂，实际上是强调要进一步完善产权制度安排，给农民增加了稳定长期的预期。

目前我国的实际情况是，农户分散，数量巨大，而且人多地少，所以我们不可能走美国、澳大利亚的大农场发展道路。小农生产将是长期存在的，这是我国农业生产的基本现实，所以我们在要求健全农业社会化服务体系时，要考虑如何将小农户与现代化农业发展相互衔接。从这个农业政策的基本点出发，要求我们一方面要完善土地经营权的流转市场，培育家庭农场等新型经营主体，发展多种形式的适度规模经营，提高农地利用效率，另一方面也要重视扶持和保护普通小农户利益，挖掘小农户增收的潜力。

这几年，我国已经在玉米、棉花、大豆等一些重要农产品的价格形成机制和收储制度改革方面做了一番尝试，就是要让市场来决定资源配置，政府发挥引导作用。事实证明，这些举措的效果不错，但是改革任务还没有完成。下一步，希望坚定不移地按照"分品种实策、渐进式推进"的思路，加紧谋划部署稻谷、小麦等的价格形成机制和收储制度改革。

第三个重点是保证农业的可持续发展。在党的十九大报告中，生态文明建设被放在前所未有的高度。为了增加农产品数量，不断滥用资源破坏环境、过度使用化肥农药的现象，都需要通过政策导向加以遏止。

加快推进生态文明建设，农业方面的任务尤其繁重。要推进农业清洁生产，推行农业绿色生产方式，推广高效生态循环的种养模式，加快形成资源利用高效、生态系统稳定、产地环境良好、产品质量安全的农业发展新格局。要继续抓好化肥农药减量增效，通过集中治理农业环境突出问题，切实把过量使用的化学投入品减下来，把超过资源环境承载能力的生产退出来，把农业废弃物资源化利用起来，让透支的资源环境得到休养生息，加快实现我国农业生产完成从过度依赖资源消耗到更加注重绿色生态的可持续转变。

第四个重点是统筹好国内外两种资源和两个市场。未来，中国只会越来越开放，带给农业领域的机会也会越来越多。我国本来就是农产品的第二大贸易国，是大豆、棕榈油、棉花等农产品的全球最大买家。我国的进口市场高度集中，主要来自美国、巴西、东盟、澳大利亚等。近年来因为实行"一带一路"，沿线国家的农产品进口也有所增长，但是目前只占到总进口农产品的20%。

农产品的进口贸易，缓解了我国国内农业资源环境的压力，使得国内的市场能够供给平衡。但是，也对国内的农业造成了一定的冲击，比如，可能影响到小农户的生计。所以，在谋划下一步改革开放格局的时候，要统筹处理好与贸易伙伴国的关系，扩大我国优势农产品的出口，带动农民增收。要聚焦"一带一路"，拓宽农产品的来源渠道，不要太依赖美国和巴西等国家。同时，呼吁中国的农业企业走出国门，培育具有国际竞争力的大粮商和农业集团。

第四节 完善农村基本经营制度

完善农村基本经营制度，有三个要求：一是在农地产权制度层面，要坚持农村土地农民集体所有。这是农村基本经营制度的"魂"，是农村基本经营制度的基础和本位。二是在农村基本经营层面，要坚持家庭经营的基础性地位。农民家庭是承包集体土地的法定主体，其他任何主体都不能取代农民家庭的土地承包地位。农民家庭承包的土地，可以由农民家庭自主经营，也可以通过流转经营权，由其他经营主体经营。但不论如何流转，集体土地承包权都属于农民家庭。三是在农村分散经营上的统一经营层面，要坚持稳定的土地承包关系。只有稳定的土地承包关系长久不变，才能实现"三权分置"。对农民土地承包经营权实行确权、登记、颁证，农户流转承包土地的经营权才能踏实、放心。

农村基本经营制度，是党的农村制度的基石，是农村最大最基本的政策。改革开放40多年来，最初就是从农村的基本经营制度开始的。当前，在脱贫攻坚和乡村振兴衔接的特殊时期，创新和完善农村基本经营制度更是深化农村改革的首要任务，构筑城乡一体化体制的关键举措，更是加快农业现代化建设的有效途径。

一、稳定土地承包关系

依法保障农民对承包地占有、使用、收益、流转及承包经营权抵押、担保权利。落实农村土地承包关系稳定并长久不变政策，衔接落实好第二轮土地承包到期后再延长30年的政策，让农民吃上"定心丸"。继续完善农村承包地"三权分置"制度，以不变应万变，不断探索农村土地集体所有制的有效实现形式，落实集体所有权，稳定农户承包权，放活土地经营权，加快构建以农户家庭经营为基础、以合作与联合为纽带、以社会化服务为支撑的立体式复合型现代农业经营体系。健全完善县乡农村产权交易市场，引导土地经营权有序流转，发展多种形式的适度规模经营。

在农村实行以家庭承包经营为基础、统分结合的经营体制，是改革开放的重大成果。这一基本经营制度在改革开放的实践过程中不断完善，较好地处理了集体、农户和新型农业经营主体之间的关系，极大地调动了亿万农民的积极性。

多年的发展已经证明，我国家庭联产承包责任制，是具有广泛适应性和强大生命力的制度。如果保持今后30多年承包关系稳定，将有利于增强农民发展生产的信心，能够保证农村的长治久安。在今后很长的一段时间内，我国仍然有数量众多的农民生活在农村，以农为生，所以一定要给予他们足够的安全感，保证土地承包关系的稳定，以此保障他们的美好生活。

同时，随着城镇化的发展，大量农民进城，人地分离将是农业生产关系的基本面。对于承包农户进城落户的，要引导支持他们按照自愿有偿原则，依法在本集体经济组织内转让土地承包权或将承包地退还集体经济组织，也可鼓励其以多种形式流转承包地经营权。

二、尊重农民意愿，以人为本

在探索农村基本经营制度的实现形式过程中，很重要的一点，就是我们要把农民的利益放在心上，不能轻视农民，要十分尊重他们，把增强农民的福祉作为出发点和落脚点，实现好、维护好、发展好农民的根本利益。

要尊重农民自己的选择，把选择权交到他们手里，而不是帮助他们选择，不强迫，不刮风，也不搞"一刀切"。对于农村的自然资源和社会资源，要先行调查和论证，进行可行性推演，坚决反对有的地方出现的现代化和高端化现象。

此外，还要建立和健全集体经济的民主决策机制，让农民集体能够有效地实行自己的权利，比如能够对自己的承包地进行发包、调整、监督、收回等权能，保障农民能够有效行使集体土地所有权，防止一些利欲熏心的人私相授受、谋取私利。

一定要处理好农民和土地的关系，科学界定"三权"的内涵，分清楚三者之间的权力边界，以及相互之间的关系，这样才能使农村基本经营制度有活力，为实现最终的目标提供保障。就像习近平总书记强调的，不能把农村土地集体所有制改垮了，不能把耕地改少了，不能把粮食生产能力改弱了，不能把农民利益损害了。

三、修改《农村土地承包法》

2002年的《中华人民共和国农村土地承包法》（以下简称《农村土地承包法》），对稳定以家庭承包经营为基础、统分结合的双层经营体制，赋予农民长期而有保障的土地承包经营权，维护农村土地承包经营权人的合法权益，促进农业、农村经济发展和农村社会稳定，发挥了重大的作用。

实施《农村土地承包法》以来，我国经济获得了快速的发展。从宏观来看，国家的工业加速推进，城镇化和信息化迅速发展，支撑了农村的经济发展。但是，一直以来，农村的土地、资金和劳动力等生产要素的流动，都没有得到彻底解决，对农业发展来说，这是一项巨大的挑战。

随着农业现代化水平的提升，大批劳动力转移到城镇，各种新型的农业经营主体出现了土地流转面积扩大，部分实现了规模化和集约化的经营，土地呈现多元化的格局。随着农业产业化、水利化、机械化、标准化的提高和科技的进步，必须对农村的土地制度提出相应的要求。

党的十八大以后，为了稳定和完善农村基本经营制度，党中央也提出了一系列方针，包括：在坚持农村土地集体所有的前提下，促使承包权和经营权分离，形成所有权、承包权、经营权"三权"分置和经营权流转的格局；维护进城务工落户农民土地承包经营权、宅基地使用权、集体收益分配权，依法规范权益转让；允许承包方以承包土地的经营权入股和发展农业产业化经营，探索承包土地的经营权融资担保；健全工商资本租赁农地的监管和风险防范制度，加强用途管制，严守耕地红线；建立完善土地承包经营权确权登记制度；保障农村妇女的土地承包权益；在农村集体产权制度改革中确认农村集体经济组织成员身份。

如何把过去实践中行之有效的农村土地承包政策转化为国家法律法规，是完善农村土地承包法律制度首先要考虑的问题。适应农村生产力发展的新要求，稳定和完善适合国情的农村基本经营制度，保护农民的土地权益，是完善农村土地承包法律制度的基本出发点。

2018年，第十三届全国人大常委会第七次会议通过了《农村土地承包法》的修正案，重点围绕农村土地集体所有权、农户承包权、土地经营权"三权"分置，农村土地承包关系保持稳定并长久不变、土地二轮承包到期后继续延长，完善土地承包经营权权能，维护进城务工落户农民土地承包权益，保护妇女土地权益等重大问题做了修改。

第五节　乡村振兴战略实施中金融力量的担当

众所周知，金融是实体经济的血脉。脱贫攻坚取得胜利后，要全面推进乡村振兴，这是"三农"工作重心的历史性转移。金融承担着服务"三农"的历史重任和乡村振兴的光荣使命，如何在中国特色社会主义建设进入新时代的历史时期，实现服务"三农"新作为，是金融领域的工作者必须考虑的问题。

我国农村人口众多，是普惠金融服务的重点领域和薄弱环节，如何补填金融缺口，一直以来都是市场关注的重点问题。有报告显示，我国7亿农村人口，"三农"金融缺口超过3万亿元。

一方面，农村的金融缺口巨大。另一方面，我国的农村金融仍然存在很多不足，比如农业信贷可获得性差，农村金融的供给与需求不匹配，风险内容体系不完善，等等。金融力量的担当，就体现在认清当前的形势和现实，从金融服务供给机制、农业信贷机制、农村金融保险等多方面考虑解决措施，让金融成为乡村振兴的补血站。

一、农村金融仍有很多痛点

我们都知道金融能够在乡村振兴战略中发挥更大的作用，但现实是金融支持乡村振兴还存在很多不足，金融融资、信用中介等是乡村金融的短板，也是制约乡村振兴的不可忽视的因素。

第一是我国农村的金融机构过于传统。这就导致服务观念不能时时更新，一些金融工作者的服务观念还停留在传统的"三农"和作战方式上，凭过去的经验绘制服务蓝图，观念不能适应新"三农"的发展规律，这就给资金增加了风险。如今的时代对金融风险已经提出了更高的要求，但是乡村振兴的金融工作，因为资金分散，额度又小，管理跟不上，线上线下的同步管理又困难，这就为今后的发展埋下了隐患。

第二是金融机构匮乏且产品单一化。一方面是我国农村数量多且分布广，想实现金融机构全覆盖是比较困难的。一些偏远农村由于地理条件的限制，只有少数的传统农村信用社和个别的商业银行。但是这些商业银行的主要对象是商业企业，涉及农村金融服务的少之又少，无法满足农村对贷款的需要。

另一方面是传统的金融产品品类很单一，不能与新时代的新农民、新农业、新农村的大趋势有效衔接。"三农"电子化配套产品滞后，乡村振兴专业化、"三农"服务现代化、区域产业特色化的金融产品缺乏，不能与之"同频共振"。这都为金融机构推动乡村振兴设置了前进的"路障"。

第三是农村金融的供给与需求不匹配。当一部分农村劳动力转移到城市，土地的城镇化进程加快，农村必然进行土地的规模化经营。随之出现的产业化经营就需要大量的资金，慢慢由短期变为长期，由小额变为大额，原来零散的周期也会越来越集中。但现实的情况是，我国农村金融需求者主要是个体商户或者一般的农户，对资金的总需求量并不多。即便是有需求，也不太想去农村信用社，以及那些前身就是农村信用社的商业银行。新兴的企业在办理金融业务时，倾向于选择大型的商业银行。这就导致农村商业银行与企业之间缺乏交集，很难发挥出自身的作用，也就没有存款的来源。

第四是农业的信贷力量比较薄弱。一方面是农民本身收入就不高，还款压力大，贷款的意愿被削去大半。另一方面是金融机构对地方上的分支机构的监管力度没有跟上，这些银行更倾向于给商业企业贷款，忽略了农业贷款的占比。虽说政府在基层支持了一部分农业建设，但是一些企业乘机加入，打着建设公共设施的名目搞贷款，这又造成了政府部门和金融机构的信用危机。

二、应对策略

伴随着经济发展，我国的城乡差距正在不断被拉大。农村金融是农村经济发展的重要命脉，对我国经济的发展至为关键。所以，在乡村振兴这一大战略、大机遇之下，农村应该克服金融力量不足的重重困难，并结合我国实际情况，吸收国外的先进成果和经验，逐步完善我国的金融机构体系。不仅要把金融知识传播到农村的千家万户，还要促进金融系统中各方的合作与交流，鼓励非正规金融机制的发展，与正规金融机制协调共进，帮助农村金融实现多样化。在这个过程中，政府决策部门也应该与农民共同合作，通过制定、执行相应政策来活跃农村金融，激发农村经济。

第一要提升农村金融机构的服务。特别是在一些偏远地区的农村，乡村政府要结合当地的实情和特色产业，以此来吸引商户投资，也吸引多种银行在当地设立，丰富乡村的金融机构。各个金融机构之间，要加强交流与合作，实现信息的互通，通过建立健全农村金融服务等相关法律与政策，既保证乡村金融机构的独立性，又激发其灵活性，达到合作共赢。相对于农村的情况，一些金融机构需要降低进入农村的标准，合理引导农村信贷往积极健康的方向发展。

第二是对金融体系供给侧进行改革。规模化经营是农村经营方式的新特点，由此导致农业经营主体的资金需求与日俱增。这些融资需求主要用于日常生产所需，部分用于投资。融资形式要多样化，农村产权真正具有金融性质是因为农民产权的登记到位,相关流通渠道被疏通,这也是融资形式多样化的表现。以前的农村贷款主要是小额贷款,现在用产权抵押担保成为一种新方式,这种融资需要体现了现代化农业和供给侧改革对农业方面的需求。

第三是着力金融服务升级。一方面,在乡村振兴的历史时期,我国的传统农业正在向现代化农业转化,现代农业产生了新型的主体,比如规模大户、专业大户、家庭农场、农村经济人、农产品加工包装户、农产品物流销售市场、农资经营户、新型农民、龙头企业、农民专业合作社等。这些经营主体按照类别或者行业,可以分为不同的金融需求,金融机构要紧盯它们的需求,拓展金融产品,完善和提升涉农贷款、融资业务、资金结算等产业链金融。

另一方面,要充分发挥商业银行的优势,创新和开发一批电子金融产品,比如通过"电子银行+生产链""电子银行+自助银行服务""电子银行+基地"等服务方式,为"三农"加工业、屠宰业、联合体、合作社等上下游客户提供便捷的基础金融服务。同时要在专业批发市场、工业园区、产业园区等进行网络布局,加大自助银行和电子渠道建设力度,努力实现金融自助服务的全覆盖。

第四是加大政府支持力度。乡村政府可以通过实施扩张性的财政政策,比如,增加社会群众的失业救济金,增加农产品的补贴,增加政府的购买力或者降低利率等,来扩大农民的需求,改善农村金融的发展。央行也可以采取一些财政政策,比如降低对商业银行的再贴现率,降低法定存款准备金率。降低利率还可以通过债券的公开买卖来实现,从而增加投资来保证农村资金的充足。对于新成立的农村金融机构,政府要给予相关的优惠政策扶持,甚至适当的补贴。

金融机构也要与政府配合，将乡村振兴所要达到的生态文明、绿色发展、环境保护等要求需要的资金都规划到自身的服务范围之内，通过顶层设计"金融＋政府＋保险"的贷款或其他融资模式，保障乡村宜居宜业的资金链供应。在跟进城乡基本建设项目时，就要创新出一整套、系列化、多样性的贷款或者融资产品，保证改厕、污水、垃圾处理等工程有序、按期完成。

第六节　银行普惠金融实践与落地模式

2013年，党的十八届三中全会决定"发展普惠金融"。这一理念为金融的未来发展指明了一条道路。事实证明，只有秉承服务群众的态度，持续深化金融产品改革，积极创新金融服务回归本源，不断提升服务实体经济的能力和水平，有效地、全方位地为社会所有阶层和群体提供服务，才能在践行普惠金融的道路上越走越远。

当前，金融行业正在以助力乡村振兴、践行普惠金融为发展理念，利用自身网点和人力资源优势，力争在普惠金融方面做出好成绩。随着人工智能、云计算、大数据等信息技术的应用，以及互联网金融等新兴金融产业的冲击，如何走好普惠金融的道路，值得探讨。

一、普惠金融仍存在很多短板

在实践中，根据各省、各地方实行普惠金融的结果来看，还存在很多问题。第一是相关政策跟不上的问题。比如有些地方存在再贷款期限与生产周期不匹配的问题。因地理位置、经济发展、自然环境等特定因素，一些依托自然资源、旅游资源开发的项目，因为周期较长，贷款需求量也大，如果按照现行规定，比如现行的货币信贷政策规定人民银行再贷款以一年为限，导致那些周期长的项目不能及时续贷，实际业务需求与银行的再贷款政策不匹配。

第二是普惠金融的商业性成本太高。这些金融机构面对的是农民群体，重点服务对象是没有什么财富积累的劳动者，从投资收益来看，本身的投入就不太划算，这些银行的商业性成本很高，短时间内又收不回成本，这会直接影响金融服务机构的积极性。

第三是乡村金融机构的服务意识不强。这些年，在乡村开始普及金融知识，农村消费者对金融知识也有了不少了解，但是整体的教育水平相对落后，金融机构到了乡镇级分支机构，发现从业人员的业务素质本身就不高，从而更限制了对农村这块金融教育的发展。尤其在一些少数民族众多的地区，还没有形成完整的多语言环境的农村金融教育体系，还需引入大量的社会资源。

二、落地实践三步走

第一步是致力于为农民提供储蓄、缴纳养老保险、领取养老金等基础的金融服务，为乡村振兴项目提供最后一公里的服务。这就要求城乡之间建立起通存通兑的网络，让城市居民和乡村居民都有方便的结算渠道，为城乡居民搭建起资金往来的绿色通道。

第二步是要做好信贷投放长期都是做小做好的准备。因为乡村条件复杂又特殊，很多都是小额贷款，这是乡村金融服务机构的一项最持久、最核心的业务。不要因为小而散就忽略了，更不要怕麻烦而不去做。可以借助先进的技术，比如将IPC小额贷款技术和金融机构自身的实践相结合，从产品设计、队伍培养、风险控制等方面不断地尝试和探索，破解小农户融资难的问题。谁先抢到这块市场，谁就更有优势。

第三步是联合兄弟银行把握客户信息。银行自身具有数据优势，但是不可以一家独享，而是要联合其他家银行，通过建档的形式，将客户的信息掌握在自己手里。这些数据有助于我们更加全面、精准地掌握客户的需求,并且可以对接政府的平台,从大数据入手。以此类推,获得客户其他方面更多的数据,从源头上把握住客户的偏好,从而采取更加对口的服务,确保客户流失最小化。

三、掌握小微普惠的财富密码

前面提到乡村环境特殊,农户分散,贷款额度小,注定了农村金融小而美且分散,这其实给中小银行的提升提供了很好的机遇。深耕普惠金融,致力于为民营企业、小微企业、个人客户、农村居民提供一流的产品服务,深入推进"上网下乡"战略布局,用"上网"的思维服务县域乡镇,解决金融"下乡"难题,践行普惠金融,助推乡村振兴。

首先,要明白小微普惠的三大趋势:"党建+金融""科技+数字化""产业+实体化"。中小银行应以"党建+金融"为引领,不断深化自身灵活高效的经营机制,将目标客户牢牢锁定在众多有强烈信贷需求而得不到较多关注和服务的小微客户上,摸索出一套服务实体经济、服务小微、利益兼顾的商业可持续发展的特色模式。各中小银行与当地乡镇(街道)党(工)委、企业党组织要根据需要建立党建联盟,充分发挥组织共建优势,切实找准金融服务乡村振兴和民营经济发展的着力点,把更多的金融资源有效配置到乡村振兴的重点领域和薄弱环节。大力推动人才共育,选派业务骨干到乡村帮助开展金融服务工作,吸引人才"上山下乡"投身于乡村振兴。依托信用体系引领乡风,大力推动文明共树。探索将社会公德、职业道德、家庭美德等与金融服务挂钩,在助力乡村振兴中更好地发挥出党建联盟的作用。大力发展农村数字普惠金融,充分利用大数据、云计算等现代金融科技手段,优化信贷流程,发展线上业务,提高服务效率。乡村振兴,关键是产业要振兴。金融服务全面推进乡村振兴,就要把服务产业振兴摆在更加重要的位置，大力发展绿色金融，加大富民乡村产业信贷投入，特别是着力支持休闲农业、乡村旅游等，多渠道促进农民经营性收入增长，切实把乡村特色优势资源转化为农村经济增长优势资源。

其次，要懂得小微营销的"五力"模型，即政治力、宣传力、营销力、产品力和执行力。政治力，是积极响应各级政府的号召，坚决服从人民银行、银监部门的监管政策；宣传力，是线上线下结合，用传统接地气的宣传结合自媒体的新兴传播方式，开展多样的乡村振兴主题的"短视频+直播"宣传方式；营销力，是城区商圈互联打造、专业市场专项服务打造、农区金融服务站打造、特色网点打造等网格化营销的精准模式，多维度、多渠道提升营销力；产品力，是加大产品创新，优化产品设置，对于不同客群的专项产品、同类客群不同层次的专项产品，以客户需求为导向，定制化、个性化，真正满足大众的信贷需求和全面的金融需求；执行力，是新零售、"轻"文化，打造有活力的团队，超强的执行力才能让普惠金融开花结果。

再次，要全面打造小微普惠的体系，需要建立"六大系统"：营销系统、执行系统、绩效系统、科技系统、文化系统、生态系统。坚守理念战略的初心定位，着力践行知行合一的小微金融情怀。银行机构应坚持回归本源、主业，彻底改变轻理念轻战略、重规模重业绩的惯性思维，改变战略定位与实践行动相脱节的错误导向，改变重大轻小、供给失衡的片面追求，真正实现理念、战略、定位的知行合一。坚守专注小微市场和小微金融战略定力，逐步培育"做小微就是做未来"的行动自觉，经受住规模诱惑、利润诱惑、大客户诱惑、短期诱惑，摒弃追求规模利润、短期效益的短视思维，逐步压降大客户占比，提升小微业务占比。始终坚持党的领导，建设和完善中国特色的"四会一层"治理机制,把"党管金融"内嵌到战略发展、公司治理和改革转型全过程,将小微金融纳入战略规划和转型发展的重中之重,从全行层面赋予小微金融更多的资源支持。优化股权结构,完善股权治理,探索设置小微金融业务专业委员会,成立普惠金融业务发展领导小组,在经营管理层专设普惠金融部,支行层面设立小微专营团队,丰富小微支行、社区支行、普惠金融特色网点建设,建立专业化服务团队,提高精细度和精准性。

最后,要着力实现小微普惠的"九"个一体化,即存贷一体化、线上线下一体化、内外一体化、服务营销一体化、存量增量一体化、党建＋金融一体化、年度产能提升与长效经营一体化、信用工程打造与业务增长一体化、品牌建设与模式打造一体化。在经营机制上,小微业务要实现前中后台的全流程管理,建立全面覆盖的综合服务机制,有效提升小微金融服务的效率;在技术支撑上,通过科技变革为客户提供普惠、个性化、智能化的金融服务,建立一体化全流程,重构业务体系。中小银行以小微金融为切入口的普惠金融发展道路,既不能完全遵循传统思路制定策略,也不照搬国外成熟经验下的金融管理制度,而是要基于当前中国金融业整体环境和普惠金融特征。展望未来,中小银行将从战略高度继续践行社会责任,通过创新商业模式,持续构建差异化的普惠金融服务体系,满足更多的客户对美好生活的金融服务需求。

第七节　数字化普惠金融对乡村振兴的赋能

2021年中央"一号文件"提出，要发展农村数字普惠金融，通过提升"三农"金融服务质效，加快实现农业现代化。这也是银行业的重大机遇。在助推乡村振兴的过程中，如何利用数字化提升普惠金融的服务能力，将是下一阶段服务"三农"的重要课题。在这个过程中，银行业要不断对传统农业金融服务注入科技动能，还要刺激农村消费需求，促进农村一二三产业融合发展。要把便利的金融服务带到农村的田间地头，帮助农村提升治理能力，加快乡村的数字生态建设。

一、数字普惠金融在乡村的发展现状

因为互联网的发展，大的互联网平台都出现了诸如京东白条、小米钱包、微信支付等常见的互联网金融产品，这些产品对于推动消费金融、互联网理财、互联网保险等金融业务的发展起到了很好的作用，也使得数字普惠金融延伸到农村地区，并且获得了很大的成就。

因为乡村振兴战略的实施，农产品加工、现代农业、农村的服务业等的发展，需要大量资金支持，由此产生了巨大的金融服务需要。比如在农业规模化生产中，大型农机具购置、农业生产资料购买等都需要大量资金，需要金融机构的信贷支持。再如近年来农村观光旅游、农产品深加工、绿色农业、特色种养殖业等有了长足发展，增加了对普惠金融的需要。

还有一个明显的特征就是农村的金融网点不断增多，很多农商行、信用社等都开展了辖区全覆盖的数字金融业务，为农民提供小额贷款、转账、交水电费等服务。另一个明显的特征就是针对农民金融安全意识的宣传增多了，地方政府和商业银行、保险公司都会开展数字普惠金融教育。当地政府也出台了金融扶贫、金融惠农等政策，为贫困农户提供风险补偿金、信用评级等服务，为各方的发展增强了信心。

当然，数字普惠金融在农村发展的时间不长，还存在很多问题。首先就是金融安全。在农村，数字普惠金融是一个重要的业务方向，因为这能为农民提供便利，也是银行扩展业务的机会。但是在发展过程中，出现了金融欺诈、信息诈骗等现象，影响了数字普惠金融的健康。比如非法P2P借贷、非法网络众筹等以高收益为诱饵吸引农民，这些涉嫌非法集资的现象，不仅扰乱了金融市场秩序，也给农民带来了巨大的经济损失。

征信体系不完善也是农村数字普惠金融的一大硬伤。因为征信体系不完善，农民征信数据不足，导致监管机制的不完善。因为数字普惠金融包含了互联网、大数据等技术，这就决定了其有混业经营的特点，这就给政府部门提出了更高的监管要求和难度。

因此，我们一方面要加强数字普惠金融的宣教，提高农民的数字普惠金融素养，大力宣传数字金融知识，提高农民对于各类金融平台的认识和了解。同时把金融安全教育作为数字普惠金融的一项重要内容，提高农民的金融安全意识和金融防范能力。另一方面就是加强数字普惠金融的监管。金融监管机构应当加强对数字普惠金融资金动向的监测力度，过滤和识别异常资金流动信息。成立专门的数字互惠金融投申诉平台，充分保障农民在数字普惠金融中的合法权益。同时还要完善金融征信体系，推动征信数据的信息共享，加强对农村征信行业的行政监管，制定统一的征信数据采集标准、征信机构评级制度等，完善征信行业的准入及退出机制，发挥农村征信行业在数字普惠金融中的服务功能。

二、数字普惠金融应围绕五大目标赋能乡村振兴

"产业兴旺、生态宜居、乡风文明、治理有效、生活富裕"是乡村振兴战略的总要求,数字普惠金融如何赋能乡村振兴,其出发点和落脚点就可以紧紧围绕这五大目标展开。

第一是围绕产业兴旺促进模式创新。产业兴旺的要求是规模化经营,还要实现一二三产业的相互融合,并且满足稳定的、可持续发展的市场需求,最终目的是让农民受益,切实提高农民的收入,这些要求都离不开金融的支持。但是,传统金融对产业兴旺的支持有限,所以农村金融供给侧的改革就落在了金融创新上,数字普惠金融就是很重要的一种创新模式。

比如,线上的"闪贷""e贷""随心贷"等产品,切实从"足额、便捷、便宜"全方位满足农户的金融需求。还有推出的诸如"金融+龙头企业+农民专业合作社""金融+交易市场+家庭农场"等链式服务,以及"N村+银行""村+公司+银行"等融资模式,都在一定程度上满足了农民的融资需求。

第二是围绕生态宜居推动绿色金融。生态优先和绿色发展一直是乡村振兴的一个重要的发展理念,这就要求我们重视现代农业与相关产业的融合发展,才能保证乡村产业体系的高效运行,将"绿水青山就是金山银山"落到实处。不仅要统筹山水林田湖草系统的治理,还要严守生态保护的红线,用绿色发展引领乡村振兴。

在这个过程中,数字普惠金融能够做的,就是将相关的金融活动与环境保护和可持续发展结合在一起,优化生态农业的金融服务环境。比如,可以为环保型农业项目提供融资;可以鼓励有利于农村生态环境的项目,给予适当的优惠政策,通过数字普惠金融优化配置资源;可以和政府结合,明确支持绿色生态项目,通过支持性政策让生态农业获得更多的贷款和其他优惠。

第三是围绕乡风文明开展诚信教育。对于乡村农民的金融知识普及和风险控制能力以及诚实守信的教育,金融机构应该承担起更多的工作,比如可以通过宣传、回访等手段,确保农民能够及时掌握相关信息。银行可以以农村群众活动中心或文化交流中心为阵地,以进村到户办理业务、现场进行宣传、进行文艺演出等方式向广大农户普及金融基础性知识,在数字普惠金融满足农户融资需求的同时,引导农户的诚信守约意识,营造质朴文明的乡村风貌。

第四是围绕治理有效加强数据融合。乡村治理是一项大工程,非常复杂,掺杂着很多因素,比如政治、文化和经济等因素,同时要考虑教育、民俗、生活方式以及农民心理和感情等各方面的因素。在数字时代,这些因素又可以统称为大数据。数字普惠金融就是建立在金融科技的基础上,在扩大农村地区征信系统覆盖范围的同时,通过搭建包括个人基础信息、借贷信息、信用卡信息、社交数据、电商数据等在内的用户多样化、立体化信息数据库,建立起一个庞大的数据库。

数字普惠金融可以将这些数据融合转化为社会资本,变乡村治理"软环境"为融资"硬实力"。在此过程中,充分发挥其在促进乡村治理和推动信用体系建设方面的作用,推动数字普惠金融在乡村中的发展进程,进而使得治理更有效。

第五是围绕生活富裕拓展多元化金融服务。伴随农村经济的发展和农民收入水平的提高,农民生活富裕的标准也呈现出多元化的特征,这就对提升收入之外的其他方面提出了要求,比如对教育、医疗、出行、治安等公共物品都有了需求。农民精神需求提升了,会更加追求内心的满足感和幸福感。

　　数字普惠金融的作用，极大地拓展了金融服务的空间范围，精准对焦农村的金融洼地，通过虚拟网点、远程银行等，为农民提供更加多元化的服务，比如支付、理财、保险等，通过农村股权、合作担保等金融工具的创新，使得民间资本向公共服务项目倾斜，促进了公共物品的供给，增加了农民的幸福感。

第四章 普惠金融
——为乡村振兴保驾护航

第一节　让普惠金融惠及乡村群体

普惠金融的概念由联合国于2005年在宣传国际小额信贷年时提出，普惠金融倡导建立为社会各个阶层的所有成员提供公平、便捷、安全、低成本服务的金融体系。普惠金融的实质就是将需要金融服务的所有人纳入金融服务范围，普惠金融让所有人得到适当的与其需求相匹配的金融服务。

著名金融史学家威廉·戈兹曼说过："金融创造了文明。"就乡村振兴来说，非常需要农村普惠金融。通过对金融资源的优化配置，数字金融能够为农村地区的小微企业和农户、低收入群体提供金融支持，从而激活当地的经济活力，促进乡村建设的发展，以此助推乡村振兴。

随着农业现代化的加快，新的农业经营主体和新型农业产业不断出现，也催生了新的金融服务需求，所以金融业需要不断创新农村金融产品，丰富农村普惠金融业务形态，充分发挥"金融+"合力。

第三章提到，2021年中央"一号文件"明确提出要发展农村数字普惠金融。大力开展农户小额信用贷款、保单质押贷款、农机具和大棚设施抵押贷款业务。鼓励开发专属金融产品支持新型农业经营主体和农村新产业新业态，增加首贷、信用贷。加大对农业农村基础设施投融资的中长期信贷支持。加强对农业信贷担保放大倍数的量化考核，提高农业信贷担保规模。将地方优势特色农产品保险以奖代补做法逐步扩大到全国。健全农业再保险制度。发挥"保险+期货"在服务乡村产业发展中能起到的作用。

一、普惠金融的目标是金融面前人人平等

为什么中央如此重视数字普惠金融？简单回顾其发展历程，就会发现数字普惠金融注定是为乡村振兴输血的。

普惠金融是从微型信贷与微型金融演化而来的，由联合国2005年国际小额信贷年上倡导推动，英文直接翻译就是"包容性金融"，其目标是促进包容性增长。无论诺贝尔和平奖得主尤努斯教授创立的格莱珉银行"小组贷款"模式，还是安信永以个人能力为基础的"个人贷款"模式，抑或是当今数字金融的探索实践，面对这一群体的金融服务，都遵循财务绩效与社会绩效的双重目标。

截至2021年，普惠金融发展了十几年，但是，真正实施国家普惠金融战略不过是近5年来的事情。在这5年的发展期间，普惠金融服务了很多小微企业和中低收入人群及弱势群体，通过促进包容性的增长，逐步拉近大家在金融面前的距离。

目前我国普惠金融的重点服务对象是小微企业、农民、城镇低收入人群、贫困人群、残疾人、老年人等特殊群体，他们和传统的大客户不同，不能用金融大水漫灌的方式解决问题，要通过完全竞争与技术进步，让金融服务变得更加亲民，既不贵也不难。运用数字技术之后，普惠金融的前缀又多了两个字——数字。确实，数字普惠金融让普通大众，特别是偏远山村的农民享受金融服务更加方便快捷了，也让金融面前人人平等的愿景更加容易实现。

2020年新冠肺炎疫情暴发以后，全世界都在抗击疫情，普惠金融事业显得更加重要。除了中国以外，国际社会也非常重视普惠金融，因为这是保障就业和民生的重要抓手。普惠金融针对的客户，有一部分在乡村，受疫情影响比较大，经济状况堪忧。这时候更需要金融机构看清事实，不光是简单地发放扶贫贷款，还要了解客户的需求和短板，挖掘出他们的潜力，

开展适当的客户教育和赋能，与客户一起成长。

在迅猛的数字支付发展势头前，对于数字普惠金融的探索也是喜忧参半：一方面，各路大军纷纷参与，促进了技术进步，让更多的人享受到了数字普惠金融服务。另一方面，由于客户的保护和赋能没有做到位，也有部分客户蒙受了不少损失。所以从 2020 年开始，国家对行业发展也加强了监管。

2020 年 9 月，中国人民银行发布了《金融消费者权益保护实施办法》（以下简称《办法》），针对互联网贷款当中存在的信息披露不充分、数据保护不到位、清收管理不规范等问题，加强了对消费者的权益保护。

《办法》最大的亮点就是加强了对数字普惠金融的管理，要求金融机构做好客户的教育和赋能，从而使普惠金融成为助力脱贫攻坚和乡村振兴的可靠路径。面对日益激烈的同业竞争，农村中小金融机构要找到自身与大型商业银行、全国性股份制银行的差异化优势，为自己培育出有黏性的客户，与客户一起成长，这正是普惠金融的魅力。

二、农村是数字普惠金融的主战场

我国有 14 亿多人口，其中农村人口占到 40%，如果能通过数字普惠金融促进乡村振兴，推动包容性增长，提高农村人口的收入，将是对我国市场潜力最大的支持。就目前的国情来看，由于疫情的影响和经济新动能的转换，很多外出务工的农民回到家乡谋求生计，在一定程度上给乡村，特别是偏远的村庄，带来了人气和资金。如果这群人能够得到足够的资金支持和知识获得，成为创新创业的主力军，就解决了一大问题。而数字普惠金融恰恰能在这方面派上用场。

但是要注意，广大农村地区长期以来都存在金融服务发展不平衡的问题，资源如何配置才公平合理，如何释放金融资源服务"三农"的价值，值得我们认真思考和扎实实践，也需要政府和社会下大力气迎头赶上。

第一是加快数字农村建设，为数字普惠金融的发展提供完善的硬件条件。协同金融机构及金融科技企业等主体，推进乡村信用体系建设，为数字普惠金融发展提供良好的软件环境。支持包括政府各部门在内的各相关主体建立涉农基础数据平台，在确保数据安全与隐私保护的前提下，促进基础数据共享，降低各类农村普惠金融供给主体的数据获取难度和成本。

第二是要加强数字普惠金融宣教，提高农民的数字普惠金融素养。乡村治理与文化教育是乡村振兴的关键，注重发挥好德治作用，推动礼仪之邦、优秀传统文化和法治社会建设相辅相成。回顾发达国家的乡村建设，不能只依靠政府单方面的发动和带动，而是要激发农民自身的内驱力，让村民实现自治，自己激发自己，自己管理自己。要让农民明白，加强文化教育，是对自己的美好生活负责，农民的命运掌握在自己手里。

所以，要教会农民掌握一些基本的金融工具，针对农村的贫困户、农村的大学生以及返乡的农民等特殊群体，要不厌其烦地开展一些专项的普惠金融知识培训，在人员允许的情况下，考虑进行一对一的金融专项服务，提高农村人口的金融认知水平。此外，金融安全、防止金融诈骗等内容也是宣传的重点，比如可以在金融平台上发布一些金融政策和新闻，宣传一些预防金融诈骗的知识，提高大家的金融风险防范意识。

第三是加强农村信息基础设施建设，改善农村普惠金融环境。数字普惠金融是"互联网+普惠金融"的新产物，它的发展程度与农村地区的网络基础设施建设密切相关。所以对农村网络基础设施的建设是迫在眉睫的，只有提高农村的网络发展程度，才能和城市缩小数字鸿沟。对农村普惠金融的技术研发这块，也要给予重视。可以增加5G通信技术基站和无线通信技术（Wi-Fi）设备，为偏远地区的农民提供数字金融服务，还可以利用政府优惠政策推动"数字下乡"，推动数字终端在农村地区的普及率。

总之，我们要立足于目前数字化发展时代的国情和农情，在乡村振兴战略的历史时期，把握数字经济的重大机遇，让数字普惠金融惠及乡村，走出一条以认知升级、科技创新、数据驱动、城乡融合为一体的中国特色新型乡村发展之路。

三、金融助力乡村振兴的"四梁八柱"

在乡村振兴的"四梁八柱"体系中，包含非常多的重要战略和重大工程。乡村振兴战略，为我国今后几十年的愿景奠定了基础。在这一战略中，从农民关心的关键小事到新时代"三农"问题的相关大事，都给出了相应的解决途径。特别是在"钱、地、人"这个环节中，指出了将制度建设贯穿其中，破解人才瓶颈，解决钱从哪里来的问题。金融，是助力乡村振兴的"四梁八柱"的关键所在。如图4-1所示。

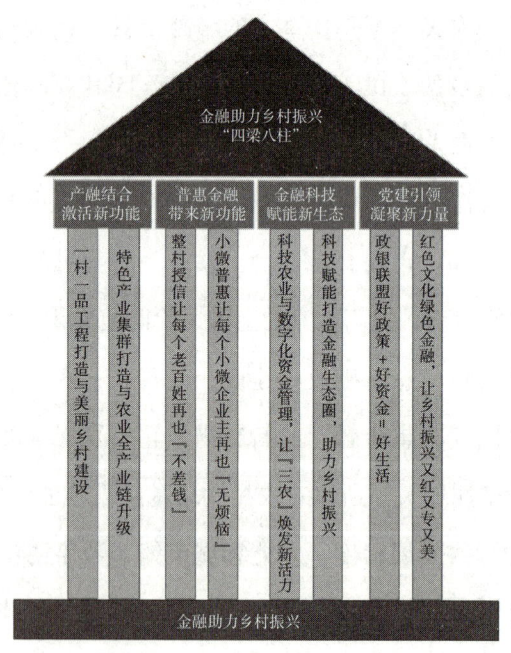

图4-1 金融助力乡村振兴的"四梁八柱"

首先，产融结合是激活乡村振兴的新动能。不论一村一品工程的打造还是美丽乡村的建设，都离不开金融的支持。另外，打造特色产业集群并且推动农业全产业链升级，都需要大量的资金投入。

其次，普惠金融的实施，会给更多农村的老百姓带来希望。一方面，对于农村的老百姓来说，通过授信，使得整个村庄的村民都有资格获得银行贷款，扶持老百姓创业，使得农民不差钱。另一方面，对于农村的小微企业来讲，有了小微普惠的政策，就能解决因为没有钱而无法持续经营的烦恼。大家都不差钱了，商业活动也就流通开了，经济才会越来越好，良性循环。

再次，金融科技可以赋能新生态。通过科技农业与数字化资金管理，让"三农"焕发新活力。也可以通过科技的应用，打造数字化的金融生态圈，助力乡村振兴。

最后，金融助力乡村振兴是国家非常重视的策略，在党的引领下，必然会凝聚更多的力量参与进来。政银联盟，就是"好政策＋好资金＝好生活"的典型代表。而在红色文化的熏陶下，金融政策在农村走绿色路线，必然使得乡村振兴又红又专又美。

第二节 九省市启动金融科技赋能乡村振兴

2021年4月,中国人民银行会同农业农村部、工业和信息化部、人力资源社会保障部、交通运输部、商务部、国家卫生健康委,在江苏省、安徽省、福建省、江西省、山东省、河南省、重庆市、四川省、陕西省启动金融科技赋能乡村振兴示范工程,探索运用新一代信息技术因地制宜打造惠农利民金融产品与服务。

实际上,在实施乡村振兴战略以前,我国的金融机构就在科技创新方面作出了很多努力,也取得了不错的成果。

一、金融科技推动业务创新

当传统的金融遇到5G技术、人工智能、大数据、云计算、区块链等信息技术时,能够与时俱进,跳出原有的围城,在这些技术的加持下,创造出更加新颖、快捷的金融产品和服务,这就是金融科技。

如今,刷脸开门、进舱后玻璃自动雾化、业务办理过程中录音录像等,都已经屡见不鲜,开放银行、智能风控、保险科技、数字货币等词汇也成为金融科技的流行术语。金融与科技的加速融合,驱动了金融的业务创新,也拓宽了金融服务的边界。

比如,有一种智能模型是依托"企业征信大数据"搭建起来的,根据这个模型,中国银行能在30秒内测算出一个企业的可贷额度,效率大幅度提升。证券公司可以借助"融券通平台"联结券源供需双方，为客户提供一站式服务，包括实时行情、线上委托、智能撮合等。因为有了金融科技，这些产品都更加智能化和人性化。

再以供应链金融的应收账款融资模式为例，在某一条具体的"链"上，企业间的交易数据通过区块链技术被"固定"成数字信息。"链"上的所有企业，特别是中小企业可以将基于数字信息形成的信用凭证作为金融资产，可流转、可拆分、可支付、可兑现，从而解决融资难、融资贵问题，提高供应链的资金流转效率。

更加可喜的是，我们日常生活中的食堂就餐，也可以因为金融科技的创新，而变得更加方便快捷。如果餐厅采用"智能结算+刷脸付款"的方式，只需扫一扫，餐盘上餐碟的数量、单价、总价等信息就被实时录入系统。在图像识别技术的加持下，哪怕是外形相似的菜品，也能够轻松识别，精确区分，很快在系统中自动运算餐费。这样的场景下，就餐者只需要等待 3 秒钟就能结算，大大减少了等待时间。

可以说，金融银行已经不仅仅限于传统的银行业务了，而是可以覆盖用户的全方位需求，大到企业贷款，小到吃饭逛街，都可以提供全方位快捷的服务，在未来具有很大的发展空间。

正是因为金融科技的无限可能性，让其赋能乡村振兴可谓正当时。

二、示范工程惠及民生

这次示范工程的目标，是利用新一代的信息技术，根据乡村的实际情况，打造一些能够惠及民生的金融产品和服务，全面提升农业产业的现代化水平，扩大农村金融的承载能力，提升服务水平，为乡村振兴提供坚实的资金保障。

七部门将加快发展农村数字普惠金融，加强农村普惠金融服务点与益农信息社、电商服务站等线下资源融合共享，运用5G、千兆光网、图像识别、智能终端等推动服务设施智能化升级，全面打造"多项服务只需跑一次"的综合型金融"触点"，探索线下服务渠道可持续经营模式，提升农村线下数字普惠金融服务的可得性和便捷性。

第一是将各种金融渠道加速融合，将线上线下打通，实现各金融机构之间互通，加强金融机构与公共领域的共融，多渠道打通之后，才能搭建起"一点多能，一网多用"的综合服务平台，"惠农版""大字版""民族语言版"等智慧金融App也在此基础上推行，从而提升农村居民的金融服务普惠水平。

第二是加大供应链金融服务供给力度，将物联网、区块链等新技术嵌入种子与农产品生产、交易、加工、物流、仓储等环节，充分发挥数据要素倍增作用，赋能农业供应链资金流、商流、物流深度融合，实现金融服务对农业重点领域和关键环节的"精准滴灌"。

第三是将金融系统与民生系统相互链接起来，搭建出一个更加人性和便捷的公共服务体系，帮助农民就近办理、线上办理，将社保、医疗、水电费、交通等涉及农民生活的服务系统变得更加方便快捷。

比如，探索以社保卡为载体建立居民服务"一卡通"，使农村居民能够便捷地享受社保等民生服务。在就业和社保领域加强社银合作，鼓励社保卡合作银行集中入村办理社保卡发放、金融功能激活等服务，对外出务工等人员提供线上申领、补换、挂失等联动服务。

第四是通过建立健全农村金融标准规则体系和风险联防联控机制，全面提升"三农"资金与信息安全水平，有序推动金融科技在农村居民生活场景的数字化应用，助力数字乡村建设。

三、案例：江苏省以金融科技为创新动力

江苏省因为地处长江三角经济带，具有政策、平台、资金、人才等优势，进行金融科技的创新，本身就有很好的基础，因此，陆续开展了金融科技的应用探索，将云计算、人工智能、大数据、区块链等新型信息技术与金融经济有效融合起来，推动了一批金融机构进行试点项目，率先为中小微企业提供多元化的金融产品和服务。

比如苏宁银行的试点项目，只需要在线上提供统一的社会信用代码证和法人代表证，中小微企业就能获得最高500万元的信用贷款。苏宁银行还推出了"信易融"的纯信用贷款创新产品，无须担保，无须抵押，只要企业开票记录连续、稳定，法人征信良好，就能申请贷款。只要企业有发票收入，就能贷款。苏宁银行可以通过这些微小企业的收入和经营数据，评估企业的经营情况，给每一个微小企业画像，并据此给出一个比较高的授信额度。而且"信易融"实行的是无纸化操作，申请、审批、放款等所有手续，全部在线上完成。

在区域经济特别发达的苏州，当地的人行苏州中支、苏州市地方金融监督管理局和苏州企业征信公司联合7家首批试点银行创新小微企业信贷业务，开展基于征信大数据和精准建模的小微企业"征信贷"。通过征信苏州App与多家合作银行进行线上业务对接，通过线上申请、自动审批的模式，为广大小微企业提供便捷、优质的纯信用银行贷款，使企业足不出户便能获得银行授信，帮助中小微企业走出融资难、融资贵、融资慢的困境。

据统计，截至2020年3月底，"征信贷"创新产品已联合15家银行，

为 944 户小微企业提供了 17.99 亿元的线上授信。

江苏省前期积累的经验，都可以作为金融科技未来在乡村振兴中尽情发挥的参照，为提升乡村农民普惠金融的应用效率打开一扇窗。

第三节　潮流势不可当，但依然困难重重

虽然普惠金融看上去很美，特别是有了科技赋能之后，可以覆盖更大的服务范围，为更多的农民提供金融服务，从硬件条件来讲，称得上是乡村振兴的得力推手。但是，毕竟普惠金融在乡村的推行还只是试点阶段，面对我国千千万万乡村的不同情况，以及农民们不同的思维意识，很难做到统一、规范，其中的风险也很大，如何平稳借助这股潮流，还需要一段时间的打磨。

一、普惠金融面临的困难

第一是普惠金融的理论支撑不足。由于商业规则和运行平台的约束，普惠金融相较于传统金融，很难形成普惠性理念。好在普惠金融有互联网的支持，弥补了传统金融的内在缺陷。现在的普惠金融可以以互联网为平台，以信息整合云计算为基础，建造一个开放、共享的运行机构，在这个运行机构下，交易成本可以降到很低，而金融服务的效率又很高，能够提升大众客户群体的体验。这些优点，都是对普惠金融理念的践行和支持，体现出互联网金融的强劲发展势头。

第二是普惠金融的法律体系不健全，还难以适应目前快速发展的需要。当前，我国颁布的《商业银行法》《银行业监督管理法》《证券法》《保险法》《消费者权益保护法》等法律，针对的主要对象是传统的金融业务，

相对于普惠金融，还没有特定的法律概念和基本原则，在范围上，也没有覆盖到一些新兴的金融业态。对于普惠金融的发展，相关法律条文相对滞后。

这些年来，在互联网的加持下，普惠金融犹如插上翅膀，飞得很快，互联网金融组织飞速发展，但是因为立法跟不上其发展的脚步，导致很多投机分子打着互联网金融、普惠金融的旗号到处坑蒙拐骗，一时间乱象丛生。如果法律这块不能及时赶上，将很遗憾地成为普惠金融发展的短板。

第三是政策上缺乏对普惠金融的补偿机制，导致金融机构对普惠金融的积极性不高。与一般商业银行业务相比，由于服务群体主要是轻资产的农户和小微企业，这类群体不仅缺少抵押品，信用记录缺失，信用意识也淡薄，使得传统信用评估方法失效，导致普惠金融容易形成一定的信用风险，普遍风险大、成本高、收益低，难以实现市场平均收益水平，制约金融服务主体参与普惠金融的内在积极性。

实施普惠金融活动承担了传统金融所不愿意承担的风险，目前却没有相应的税收、补贴等补偿机制来降低普惠金融的风险，所以部分金融机构普遍存在不重视普惠金融在社会金融服务中的作用的情况，认为普惠金融是金融业务的"附庸品"，存在经营行为中"重大轻小""重好轻弱"等嫌贫爱富的不良金融服务倾向。

第四是部分金融消费者缺乏权益保护意识，没有风险防范意识。因为在农村，很多都是留守的老人、妇女和儿童，他们对新鲜的金融工具和产品缺乏认识，很少使用电子的结算工具和支付手段，加上自身没有风险防范意识，接受各类风险案例警示提醒的渠道有限，很容易由于操作失误导致利益遭受损失。

另外，在乡村，特别是偏远地区，缺乏有效的监督，导致经营者的道德风险防控机制不到位。在农村地区设立的金融综合服务点或者助农取款服务点，缺乏相关信用情况的了解，也很难用传统的标准去考核经营者的资金实力和业务水平，容易导致道德风险。

第五是乡村的直接融资市场发展相对滞后。对于普惠金融来讲，一项比较重要的形式就是多层次的资本市场融资，但是这种形式的门槛相对较高，流程也很复杂，企业要想通过股权融资或者债券融资来进行直接融资是很困难的，很多企业采取的是以银行信贷和自筹资金为主。

就拿新三板来说，虽然挂牌比主板和创业板都容易，但是仍然有大量的企业在等待进场，可见企业对融资的需求非常巨大，目前还不能得到一一满足。对于县域乃至乡村的中小企业来讲，因为财务管理不规范，企业规模相对较小，想挂牌新三板谈何容易。

二、四大建议助推乡村普惠金融发展

大力发展普惠金融业务是落实中央部署的政治任务，是服务国家战略、服务社会民生的责任担当，是总行党委的重大战略选择，是赢得未来市场的重要战略调整安排，是支持乡村振兴的重大举措。

第一是加强顶层设计，完善普惠金融相关法律法规。普惠金融的发展应该是以市场为主导，但是也离不开政府的规划与引导。我国政府应该进一步细致规划普惠金融的发展，在统筹规划、均衡布局、组织协调、政策扶持等方面进行系统性的布局，建立更具包容性的普惠金融体系，提高金融资源配置效率，使得社会效益与经济效益实现有机统一。

要加快普惠金融相关法律体系建设的步伐，建议出台普惠金融促进法，逐步建立健全国家普惠金融法律法规体系，明确普惠金融服务供给、需求、监管三方的权、责、利，确保普惠金融服务有法可依、有章可循。

第二是借助金融科技，健全普惠金融的风险控制体系。前面已经提到多次，因为普惠金融发展速度太快，加大了潜在的风险，可是我们的普惠金融风险体系还没有跟上节奏。目前大部分提供普惠金融服务的机构，采用的都是传统的风险防控办法，已经不能适应新的变化和发展了。

这就要求普惠金融的提供者利用技术的优势，将大数据、云计算等科学技术运用到普惠金融的业务中去，落实到贷前、贷中、贷后的每一个环节，提高自身的金融风险分析和评估水平，完善风险控制模型，准确识别、预警、防控普惠金融风险。而各级政府也应出台相应的扶持政策，推动普惠金融数字化的进程。

第三是完善消费者的教育保护体系。一方面增加对普惠金融服务提供者的培训，让他们认识到普惠金融不是扶贫。另一方面鼓励普惠金融的提供者利用互联网平台，比如微博、微信等宣传金融知识，让更多的农民能够理性地看待金融工具，合理地利用普惠金融为自己创造财富。

政府方面也应该采取一些积极的保护政策，当发生金融消费纠纷需要处理时，要做到公平公正，妥善处理，保护弱势群体的合法利益。只有三方通力配合，营造出一个良好的金融生态环境，才能更好地推动普惠金融的发展，并从中实现共赢。

第四是降低融资成本，鼓励创新。因为农村消费者的金融需求更加多样化，这就要求普惠金融的提供者不断创新，推出个性化的产品定制服务内容，结合金融科技，根据不同消费者的不同需求，再结合消费者自身的情况，为他们打造出个性化的金融产品和服务。当然，前提是要在贷款金额、贷款期限、贷款利率、担保方式方面进行合理设计。

在担保方式方面，考虑采用保险基金担保、互助联保、再保险担保等创新的方式。要明白普惠金融的目标是以低成本、广覆盖、易获得、可持续的方式向消费者提供金融服务，所以在实践过程中，我们要找到经济利益与消费者利益相平衡的点，切实让普惠金融真正关爱到每一位需要的农户和每一家需要资金的中小微企业。

第四节　案例：浙江普惠金融实践

党的十八大之后，党中央、国务院都特别重视普惠金融工作，浙江省也从中看到普惠金融的重要性。针对浙江省金融发展不平衡的问题，将深化金融供给侧结构性改革、实现金融高质量发展作为重要目标，通过政府的引导和市场主导，从小微企业、"三农"、低收入人群、特殊群体等薄弱环节入手，经过几年的发展，取得了初步成效，走在了全国前列。

一、探索区域金融改革路径

浙江省从 2012 年起，就陆续启动了各区域的金融改革试点，为普惠金融的发展开拓出一条可实现的路径。温州金融综合改革试验区、台州小微企业金融服务改革创新试验区、宁波国家保险创新综合试验区、湖州和衢州绿色金融改革创新试验区、义乌国际贸易金融专项改革试点以及中国人民银行和浙江省政府共建的丽水农村金融改革试点等，在普惠金融的不同领域开展了不同的探索，从而形成了一批可复制、可推广的经验。

比如温州实行金融综合改革，使得民间融资更加规范化，于 2013 年 11 月出台了我国第一部民间借贷的地方性法规——《温州市民间融资管理条例》，还探索建立了地方政府主导的民间借贷登记服务机构及备案制度，编制了反映民间融资市场利率的"温州指数"。这些举措实现了民间融资规范化的突破，有效缓解了小微企业融资难、民间资金投资难的问题。

再比如宁波的保险创新，打造了普惠保险"宁波样板"。作为全国保险改革创新"试验田"，宁波通过购买保险服务等政保合作方式，把保险机制嵌入公共安全、民生保障、生态保护等普惠领域，充分发挥保险业风险管理、经济补偿等功能。宁波还创新推出并发展了公共食品安全保险、司法援助保险、全域旅游保险、巨灾保险等普惠保险产品。由于这些保险产品的创新，浙江省在政策性农业保险的险种数量、保障额度等方面都位居全国前列。

二、创新金融产品

浙江持续进行多样化的金融产品创新，为小微企业、低收入人群等群体提供了既能承担成本，又能有效实现的金融服务。

首先是创新了农村产权的抵质押贷款。从 2015 年起，经全国人大授权，浙江省将 10 个县（市、区）列入全国农村承包土地经营权抵押贷款试点，4 个县（市、区）列入全国农民住房财产权抵押贷款试点。截至 2018 年末，浙江农民住房财产权抵押贷款余额 205.2 亿元，占全国总量的 1/3 以上；农村承包土地经营权抵押贷款余额 31.9 亿元，同比增长 28.3%。

其次是创新了小微企业的贷款。特别是将抵质押贷款的创新运用到专利权、排污权、特许经营权、应收账款、订单等方面，并且与税务部门合作开展了"税易贷""商易贷""信易贷"等信用贷款产品，有效盘活了小微企业的无形资产。不仅如此，还允许这些企业通过无缝续贷、循环贷款、随借随还等形式，降低它们的转贷续贷成本。

再次是拓宽了小微企业的直接融资渠道。为了引导和推动小微企业有更多接触资本市场的机会，浙江省启动了"小微企业成长计划""个转企、小升规、规改股、股上市""雏鹰计划"等工作，帮助小微企业获得融资，并取得了不错的成绩。以新三板和区域性股权市场为例，截至 2019 年上半年，浙江省的挂牌企业约有7000家。

最后是帮助低收入人群和特殊群体获得金融产品和服务。浙江省是最先消除绝对贫困的省份之一，农民收入在全国是最高的，城乡居民的收入差距也比较小。所以，浙江省的帮扶重点落在了低收入人群和特殊群体身上。比如，浙江农信系统在全省范围内推广小额信用贷款，宁波推出服务产业工人的"匠人贷""人才积分贷"等产品，门槛较低，手续简便，费用优惠，随借随还。在对口帮扶中，浙江推动新疆阿克苏地区开展棉花目标价格"保险＋期货"项目，运用金融工具，帮助当地棉农有效规避价格波动风险，尽快帮助农民脱贫致富。

三、重视基层网点建设，构建全覆盖的金融服务网络

2013—2015年，浙江省启动了"普惠金融工程三年行动计划"，又在2016—2020年开展了"普惠金融提升工程五年行动计划"，就是为了在农村薄弱地区加强金融服务网点的覆盖，打通金融服务的"最后一公里"，实现"基础金融不出村，综合金融不出镇"的目标。

首先是让地方的法人机构，比如农信系统、城市商业银行、民营银行等法人金融机构在基层设置网点，深耕本地经济，将服务下沉到乡村，让这一部分机构成为普惠金融的主力军。在村级层面，通过便民服务点、电子机具、流动服务车等形式，实现基础金融服务"村村通"。比如浙江农信系统建成营业网点4103个，建成集金融、电商、物流等功能于一体的"丰收驿站"10960个，村级金融服务点2万多个，遍布全省每个乡镇和绝大多数行政村，涉农贷款余额比重超过60%。

其次是鼓励大中型银行在县域及城乡接合部建设普惠金融机构。这一举措也取得了不错的成果。目前，浙江银行业设立小微企业专营机构585家、社区银行650家。各大型国有银行浙江省分行均已设立普惠金融事业部。

最后是将地方的金融组织规范化,让它们成为普惠金融的补充力量。鼓励在地方上的一些小额贷款公司、融资租赁公司、典当行等金融组织开展普惠金融服务。这些数目众多的小额贷款公司,每年发放贷款超过1000亿元,主要用于支持"三农"和小微企业。此外,地方上还开展农村资金互助组织、农村保险互助组织、农村担保互助组织、农民资产授权机构等信用组织试点,成为农村"三位一体"新型合作体系的重要组成部分。

四、激活金融科技创新,发展数字普惠金融

毋庸置疑,金融科技在全球的金融体系中已成为一支重要的变革力量。这个领域的创新不仅带动了金融行业全价值链的优化,也使得普惠金融在市场组织模式、服务供给方式等方面产生了巨大的变化。

在金融科技领域,浙江省可以称得上是全国的先驱。

首先,在浙江省诞生了一大批原生态的金融科技企业。比如恒生电子、同花顺、信雅达等金融科技企业发展势头迅猛,在各自的细分领域都有很强的竞争力。在移动支付、大数据风控、区块链、人工智能等领域,涌现出了连连支付、邦盛科技、趣链科技等一批新秀企业,成为金融科技企业的生力军。这些企业的多元化发展,为小微企业和个人经营者提供了多渠道的金融服务,推动了数字信贷、数字支付、数字征信等数字普惠金融的发展。

其次,传统的金融机构在金融科技的带动下,焕发了新的活力,重构了普惠金融的业务介质和业务模式。比如浙商银行在信息科技"π+计划"建设基础上,推出了涌金票据池、应收款链平台、大数据风险管理等带有科技"气息"的小微金融业务,在业界起到了很好的推动和示范作用。

最后,浙江省重视移动支付建设的深化,进一步推进了普惠金融科技的应用。浙江省在商贸旅游、交通医疗、市政公用、政务服务等领域全面推进"移动支付"的普及和应用，促进城乡金融服务一体化发展，计划在2022年实现移动支付全省城市全覆盖、县域基本覆盖。

同时，浙江省还向长三角地区输出移动支付应用的经验和模式，增强城市交通等公共设施互联互通。借助新金融服务的那些龙头企业，浙江省还要建设跨境电子商务的金融结算平台，向海外输出技术和商业模式，未来的目标是构建一个全球化的移动支付体系。

第五章
五个抓手全面启动乡村振兴

第一节　产业振兴是乡村振兴的关键

政策、产业、资金是乡村振兴的"三角形"。其中,产业是乡村振兴的"发动机"。

我国在 2017 年提出乡村振兴战略并提出分三步走:一是到 2020 年乡村振兴的制度框架和政策体系基本形成;二是到 2035 年基本实现农业农村现代化;三是到 2050 年实现乡村的全面振兴。经过 3 年多的推进,乡村振兴的制度框架和政策体系已经基本形成。

2020 年,我国已经完成了打赢脱贫攻坚战的任务,正处于和乡村振兴衔接的关键点,往后的任务更加艰巨,也更加持久。我们工作的重心,也从脱贫攻坚转移到全面实施乡村振兴战略、加快推进农业农村现代化上来。在这个过程中,产业振兴是一个非常关键的点。只有产业振兴了,农村才能活起来。

一、产业振兴面临的问题

在推动乡村产业发展过程中,通常会遇到以下困境:

一是产业出现低质同构化的趋势。比如现在很多村庄都在发展旅游业,建设了很多农家乐和健康旅游的项目。但是,除了城市周边,其他地方对于这些项目的消费能力还是很有限的,再加上这些农家乐的档次都比较低,同质化严重,没有什么特色,经营起来自然很费劲,不能很好地吸引顾客。

二是很多地方以供给侧改革为由头,却在搞非粮化和非农化,有的甚至超过了粮食安全的底线。众所周知,农业产业的供给侧改革再怎么改,也不能动粮食安全的根基,一定要先保证粮食的安全生产和足量供应,在这个基础上再进行产业结构的调整,才是正确的。但是有些地方在这个过程中,把产业结构的调整等同于压缩粮食生产,那就得不偿失了。

三是人才和资金都短缺。既缺少与市场经济相适应的营销、电商、金融等人才,也缺少与乡村产业发展相关的技术性人才。而因为乡村金融体制发展的不完善,农民创业缺乏资金来源,融资难,没有资金投入,再加上农村资源变资产的渠道尚未打通。没有资金,买不起现代农业配套的设备,也就没办法发展新的业态。

二、因地制宜,发展多元化产业

从长期利益出发,我国的乡村产业应该走和城市不同的路子。要建立起一个有特色、有竞争力的现代乡村产业体系,就要求各个地方根据自身的自然资源、环境资源、文化风俗等条件,开发出能够发挥自身优势的、有特色的、多元化的产业形式。

一是发展绿色产业。过去的产业发展总是以牺牲环境为代价,未来的产业绝对不能重蹈覆辙,而要以习近平生态文明思想为指导,坚定"绿水青山就是金山银山"的理论,将生态文明和环境保护作为守护的红线,构建可持续发展的产业体系。在生产、售卖绿色农产品的同时,守护住乡村一隅乡土和山水,持续造福子孙后代。

二是发展新兴化产业。未来农业农村的产业要得到较快的发展,农业农村的发展方式和业态要转型升级。我们要解决在农村的产业发展中,新兴的产业比重低、传统产业多,高端产业少、低端产业多,科技密集型产业少、劳动密集型产业多等问题,以此来推动农业农村产业新兴化发展。

三是发展特色化产业。每个地区都有自己的生态环境优势和传统人文优势，可以重点发挥这些优势资源，发展相关的产业，做出有特色的东西。特别是要培育一些有地方特色的农产品，打造出一方品牌，满足消费者对农产品的个性化、差异化的需求。防止同质化现象产生，大家各有特色，才能有自己的竞争力。

四是发展高效化产业。农村产业不是一锤子买卖，要注意持续性，要有经济效益，也要有社会效益，还要有生态效益，要保证资源的再利用，使产业再循环。而不是以往传统产业那种既亏成本又亏环境的做法。

五是发展融合化产业。这个融合，一方面是指城乡产业的深度融合，另一方面是指一二三产业的深度融合，要向产业融合要时间和空间，要延长产业链。延长产业链的关键是要增强增收链，打造效益链，重做环境链。这样生产、加工、流通都要与"互联网+"、大数据深度融合，从而提高产业的融合度。

六是使产业市场化。产业兴旺依靠的是政府的政策引导、农民的自主驱动和市场的自动调节。市场才是配置资源和调节供需的隐形抓手，政府要做的是保证产业兴旺在市场机制下健康运作，形成产业化、商业化、市场化的经营机制。在这个过程中，政府不能干涉太多，要相信市场的自身调节能力。

三、大力培育新业态和新动能

通过产业兴旺推动乡村振兴和以往乡村产业的构建是不同的，需要新的思路和新的举措，要用新的发展理念来搭建新的平台，构建新的机制，以此培育新的业态，形成新的动能。

一是重新调整农村的产业结构和布局。和传统产业相比，产业结构和布局倾向于向现代的绿色产业结构调整。这一调整带来的结果，是能够为乡村带来新的产业、新的增收项目、新的就业机会和新的生态。既要为社会提供绿色的农产品，又要为社会提供生态文化、旅游产值，还要为社会打造绿色生态和环境，这就是我们要打造的新业态、新动能。

二是要重视战略性农产品产业。在粮食安全生产的基础上，深度开发一些粮食、肉类、蔬菜等战略性农产品，把粮食生产变成粮食产业。不仅要把口粮握在自己手里，还要保证其他战略性农产品的供给。

三是重点发展田园综合体。田园综合体是农村综合发展的必然产物。田园综合体的发展就是在农民合作社的基础上，让农民积极参与进来，开发出生态农业产业、创意农业产业、循环农业产业、体验农业产业等一系列新型的产业形态。形成特色鲜明、内容丰富、集生态环境和文化创意于一体的新型农业业态，实现经济效益、生态效益和社会效益的"三丰收"。

四是重点发展农产品加工。农产品加工可以作为产业兴旺的主导产业，在乡村振兴之前就已经获得了一定的发展。但是在发达国家面前，我们的农业加工业还很落后，发展的潜力巨大。乡村振兴战略的实施，将使得农业产品加工业迎来发展黄金期，也算是一种新的业态发展机会。

五是重视农村社会化服务产业的发展。要想建成现代化农业产业，在农业生产的播种、田间管理、流通等环节，都应该由大型的农业生产设备助力完成，只依靠很少的人工。这就要求农村的现代化农业服务要跟上发展步伐，大部分工作量要由社会化服务组织承担和完成。形成相关产业是必然的过程。

六是发展生态旅游产业。目前的乡村旅游已经释放出巨大的发展能量，对于增加农民收入，形成新的产业和业态都有很大的助推作用。在乡村旅游产业中，一些非农业产品，比如生态环境产品、文化旅游产品、休闲康养产品等，都是伴随着食物产品的生产而产生的，只是我们对以往的传统农业没有相关的认知和深度挖掘。

七是注意农业生物质的再利用。农村中常见的农作物秸秆、牲畜的粪便、生活的排泄物等，都是宝贵的农业生物质资源，要合理加工和利用。除此之外，还可以发展这种生物质产业，用这些"废料"生产出更多的新肥料、新饲料、新材料和新能源，从而提高农业的资源利用率，也进一步提高劳动生产率和耕地的产出率。

第二节　人才振兴是乡村振兴的支撑

当前，我国正处于脱贫攻坚取得全面胜利和乡村振兴正式开启的衔接期，如何实现二者的有效衔接？既要巩固脱贫攻坚的成果，又要为下一阶段全面推进乡村振兴作好准备。

不可否认的是，土地、人才和资金是推进脱贫攻坚和乡村振兴有效衔接的关键性要素。对此，国家领导人和相关文件曾多次强调：人才是乡村振兴的支撑。因为人才是促进城乡深度融合，以及资金、技术和信息等要素快速流动的最关键因素。为了达到5年过渡期的目标，必须破解人才的瓶颈，首先要实现人才振兴。

一、要想实现乡村振兴，就必须实现人才振兴

全面推进乡村振兴的基础就是人才的振兴。长期以来，我国乡村中的中青年人才和优秀人才不断外流，导致乡村人才缺乏、素质偏低、老龄化严重，人才的总体水平和乡村振兴的要求还存在很大的差距。

具体来说，从年龄角度看，我国的农村对外转移人口以青壮年为主，2017年全国农民工平均年龄为39.7岁，50岁以上农民工占比仅为21.3%。农村地区年轻子女和老年父母"进城"与"留守"的代际分化明显；从性别角度看，2017年全国外出农民工中，男性和女性占比分别为65.6%和34.4%，这意味着农村地区大量男性向外转移，农业生产主要依靠老人、妇女和儿童支撑。

以四川省为例。虽然四川是人口大省，人力资源非常丰富，但是因为地方发展不平衡，人力的内需不足，乡村不能就近消耗大量劳动力，于是都流向了其他地方，在乡村的青壮年劳动力非常缺乏。

特别是在新的发展阶段，为了加快农业现代化，这种人才供给的矛盾就更加凸显。所以迫切需要我们采取相关的政策措施，吸引外流人才回到乡村，参与乡村振兴的建设。培养和造就一批懂农业、爱农村、爱农民的"三农"工作队伍。

二、四大思路促进人才振兴

要实现乡村人才振兴，就要处理好引进外部人才和培育本土人才的关系，也要处理好高级人才和普通人才之间的关系，对于不同类型的人才，做到有的放矢、分类使用、人尽其用。

一是要在稳住本地人才的同时，尽量吸收外部人才。就拿当前刚刚脱贫攻坚的地区来讲，这些地区多半是民族贫困地区，因为历史、文化、环境、地理条件等影响，经济发展落后。但是这些地方往往保留了较为完整的民族文化和艺术，以及一些非物质文化资源，这些资源还没有充分挖掘和开发。

这种情况下，就需要利用当前历史衔接时期的重要机遇，通过发展乡村旅游、乡村产业、乡村文化等项目，扶持一帮乡村文化的传承人，并且培育一批后继者，发展出可持续的乡村文化，以此带动乡村产业的长期发展。

当然，仅仅依靠本地人才是远远不够的，要想方设法通过不同渠道吸引外来人才的加入。每个乡村有各自不同的优势，这些优势需要现代先进理念、技术、管理、资本等要素来支撑。可通过整合优势资源，利用高校、科研院所等科研资源，采取产业对口帮扶等措施，通过现代物流与外面广阔市场的对接，通过各方面人才的支撑，引进先进的发展理念、管理经验和技术，助力脱贫攻坚，振兴乡村经济，培养乡村发展人才。

二是要多措并举，培养新型的高品质人才。在我国过去的贫困地区人口，很大部分受教育程度低，思想很保守，很多人也没有一技之长，跟不上新时代的发展。针对这一部分人口，就要实施因人施策、精准培训的策略，结合当地劳动力的实际情况和当地的产业发展，开展一些合适的培训，让当地的劳动者掌握一门技术，在"志"和"智"方面都得到一定的提升，让他们有信心外出就业或者在本地创业。

随着乡村产业现代化过程中不断出现的新业态、新产业和新模式，乡村对人才的需求也水涨船高，需要更加优秀的人才来参与新一轮的乡村振兴建设。这就要求地方上不仅要充实农村的基层干部队伍，还要加强建设农村的专业人才队伍，比如扶持一批农业职业经理人、经纪人、乡村工匠等。既需要有号召力的带头人、有行动力的追梦人，也需要善经营的"农创客"、懂技术的"田秀才"。在乡村人才培养上，要坚持问题导向，针对基层实践迫切需要，突出重点，对加快培养农业生产经营人才、农村二三产业发展人才、乡村公共服务人才、乡村治理人才、农业农村科技人才进行针对性部署，尽快满足建设需要。

三是健全乡村人才振兴制度，稳定人心。综观当前的情况，要想吸引人才和留住人才，就必须强化对这一部分人的保障机制，从制度层面解除他们的后顾之忧，让本地的人才安心留在本地干事业，也让外来的人才有信心在这里大展身手。

要健全乡村人才振兴的制度机制，广开进贤之路，广纳天下英才，引导各类人才投身乡村振兴。我们不仅要建立健全乡村人才培养、引进、管理、使用、流动、激励等一整套系统完备的政策体系，强化乡村人才振兴的政策保障,还要对分散在不同部门、不同行业的乡村人才工作进行统筹部署,进一步完善组织领导、统筹协调、各负其责、合力推进的工作机制,以更大力度来推进乡村人才振兴。此外,我们还要加强乡村人力资源开发,促进各类人才投身乡村振兴,为全面推进乡村振兴、加快农业农村现代化提供强有力的人才支撑。

各级政府要按照不求所有、但求所用的原则,在激励机制方面开展更多的工作,让各类人才汇聚到乡村。还要抓紧构建城乡一体的人口管理体制,逐步放开城镇户口的落户限制,慢慢减少与户籍挂钩的各种福利,为城乡人才的双向流动提供有力的制度支持。

四是鼓励人才培养的多元化,形成乡村人才振兴合力。比如我们已经贯彻落实的"领头雁""土专家"这类人才,能够为乡村振兴带来实实在在的技术、资金和人气,他们非常接地气,更能适应当地发展的需要。

另外,这些人才比较稳定,不太可能出现离乡的现象,所以,只要政府打好乡情牌,用乡情作为情感纽带,就能留住这些人才,还能通过建立优秀人才信息库,建立完整的联络服务机制,为更多在外的人才提供服务家乡的渠道。政府还可以为这些人才提供乡村治理的条件,通过严格执行乡村事务"四议两公开一监督"制度,引导"领头雁""土专家"主动参与乡村振兴计划和决策。最好能设置一些专项资金,为他们的进一步发展提供支持。

此外,我们还可以通过高等教育人才培养体系、农村的职业教育体系和各级党校(行政学院)、农业广播电视学校等机构,深入实施人才培养计划,培养出一批新兴涉农专业的人才,将教育资源延伸至偏远乡村和社区。也可以鼓励企业参与乡村人才的培养,引导农业企业建设实训基地,打造乡村人才孵化基地,建设产学研用协同创新基地。

第三节　文化振兴是乡村振兴的基石

关于文化振兴，习近平总书记早就指出，乡村振兴，既要塑形，也要铸魂。中国的乡村，有从祖上继承下来的本土历史文化，这是乡村振兴的灵魂所在，也是乡村振兴走深走实的基石。

有特点的历史、地理、风土人情、传统习俗、生活方式等乡土文化，构成了一代又一代人的乡愁，构成了能够留住人的必要因素。所以，实施乡村振兴，就要挖掘和提炼当地的特色文化，用当地的乡土文化吸引和留住人。其中，乡村旅游是宣传乡土文化的一种非常不错的形式。在发展乡村旅游的过程中，要在体现乡土文化的建筑、饮食、人情、风土等方面努力挖掘并加以提炼。在旅游产品上，越是带有乡土文化的，越是国际的。

一、乡村文化的振兴会产生多重价值

乡村振兴战略不仅给乡村文化的重塑赋予了新的时代内涵，也为乡村文化建设提供了新的发展机遇。文化振兴同时反过来为乡村振兴提供了内生力量。

首先，乡村文化的振兴会促进乡村产业的振兴，成为推动我国经济发展的潜在力量。在当下，有很大一部分城市文化群体，他们迫于生活的压力，精神空虚，会向往回归田园生活，寻找一种尚没有卷入现代化旋涡的生活方式，于是他们来到乡村寻找精神寄托，这也成为一种新兴的旅游模式和消费时尚。

在这股潮流的冲激下，乡村里特有的传统村落、农耕技艺、饮食文化和生态自然景观等，都成为发展乡村产业所需要的文化资源，推动了乡村旅游。作为在当今全球各个国家和地区都非常有活力的朝阳产业，乡村文化正在成为现代城市文化的蓄水池，以独特的文化资源提升文化产业的竞争力。文化振兴，会对乡村的产业结构调整、产业兴旺起到积极的作用。

其次，随着时间的推移，乡风文明建设的文化理念会以另一种新的文化样态表现出来，这都是文化振兴过程中乡村伦理文化所起的作用。现代伦理与传统伦理存在距离甚至冲突，让农民无所适从。在此情况下，乡风文明建设的一项重要内容，就是重建和复兴乡村伦理文化，让传统的伦理与现代社会的运行逻辑融合发展，形成符合社会主义核心价值观和现代社会发展原则的伦理文化。

最后，乡村的文化振兴还需要自治文化的重建和提升。自古以来，"皇权不下县，县下皆自制"就是乡村自治的传统。如今，我们要按照乡村振兴战略，发展乡村自治文化。

二、乡村文化建设还存在局限性

自2018年《中共中央国务院关于实施乡村振兴战略的意见》颁布以来，各地在乡村公共文化服务方面取得了一些成绩。但是，在乡村文化建设方面，还存在一定的局限，其中一个巨大差距就表现在激发乡村振兴的内生动力方面。

首先是把乡村文化简单地理解为具体的建筑或者人物。一提到乡村文化建设，大家就一哄而上，修古宅、保护古树、挖掘名人逸事等，将这些具象化的因素理解为乡村文化的主要载体，以为没有这些就没有乡村文化。结果造成真正的人文典故和民间习俗等特色文化遗产被埋没掉了，甚至消失了。

其次是乡村文化建设的同质化比较严重。比如说江南水乡的建设，清一色的白墙黛瓦，小桥流水，一提到庭院布局，就都是篱笆围墙，风格统一，毫无特色。反而那些具有自身代表功能和特征的历史遗物，因为年代久远，被认为影响风貌而改造或者拆除了。从表面上看，村落干净利落，外貌整齐，实际上把自己独有的特色处理掉了。

再次是文化振兴的软实力不够。为了应付绩效考核，在文化培育方面，大家都只重视硬件投入，却很少在软实力上下功夫。看上去文化建设的数量较多，但是质量上不去。造成的结果就是，虽然花费了大量的资金，老百姓的参与度却不够，对文化建设的认可程度也没那么高。很多文化相关设施建成后，不能为大家所用，导致闲置浪费的现象非常严重。

最后是文化建设被当作获取功利的手段。有些地方对于发展本地的乡土文化没有足够的信心和耐心，所以只看重能够获得短期利益、能够快速见效的项目，比如可以进行旅游开发的文化资源被过早和过度使用。为了使自己的文化建设更有特色，有些地方会胡乱植入一些外来文化，结果建成的东西不伦不类，像是布景道具，没有人愿意理睬，本村的人就更不愿意对这些东西负责，于是就成了一种虚假繁荣的现象。

三、五大建议落实文化振兴

文化本质上是一个地区生产生活方式的凝练和体现，是人与自然、人与社会、人与人之间密切相互作用的产物。乡村文化振兴是乡村振兴之魂，是乡村振兴的基石，要通过文化振兴帮助老百姓发现身边之美、家园之美、历史之美、未来之美，使文化融入他们的生产生活方式中，然后使他们的生产生活、互动交流、守望相助等成为新的文化。要让老百姓主动参与到文化振兴中，通过引导他们挖掘自身的文化，发现自身的美、乡村的美，构建老百姓心中的家园感，从而自愿投入乡村振兴的各项建设中。

第一要深入挖掘乡村的文化根基。对于每一个乡村来讲，都有古老的文化底蕴。出于对这些文化的传承和保护，我们有必要深入挖掘当地的文化。对于重点村落，要对当地的老人展开调查，听他们亲口陈述古老的传统，梳理本地乡村发展的各种故事，并将这些故事重新展现出来，绘制出一幅幅传统生活方式的数据图，建立数据库。另外，要让当地的老百姓意识到，这些东西是值得骄傲的，是值得我们传承下去的。

第二要发挥政府的作用，促进乡村文化的觉醒。除了将传统的东西挖掘出来，还要对已经有的东西加以提炼和提升，这就需要政府的引导和支持，引入社会资本，将传统文化与旅游等产业相结合，促进文化产业的发展。在这个过程中，要鼓励老百姓的文化意识觉醒，引导他们行动起来，实现自我提升。

要充分运用创新思维，探索乡村文化产业运营的新思路和乡村发展振兴的新路径，实现乡土文化的可持续经营。将文化创意作为乡村文化振兴的重要动能，与乡村一二三产业融合发展，提升乡村产业的文化附加值。创新宣传引导和示范引导机制，引导多元化资金和人才进入乡村文化产业。创新乡村文化资源整合机制，通过创意整合、技术整合，形成地方文化产业品牌，形成生产、生活、生态和文化的良性互动，实现农业、农村、农民的融合协调发展，恢复乡村自主造血的能力与动力。

第三要依靠本地老百姓，发挥乡村文化主体的作用。我们要挖掘和提升本土的文化，不能把希望寄托在外来力量上，而是要着眼于本地的老百姓，发挥村民和集体的主体作用，让他们参与到文化建设和传承中来，让他们为传统的文化感到骄傲，让他们有内驱力，去主动发扬和探索传统文化的机制和路径。

第四要践行绿水青山的生态文化。乡村振兴意味着生态宜居，意味着我们对绿水青山生态文化的体悟与践行。乡村振兴需要尊重自然规律、更新发展理念,致力生态宜居、保护乡村良好自然生态和整治乡村宜居的环境。

践行绿水青山的生态文化,要注意引发农民对乡村山山水水、一草一木的深厚感情,尊重自然,顺应自然,保护自然,推动乡村自然资本加快增值。要落实节约优先、保护优先、自然恢复为主的方针,统筹山水林田湖草系统治理,严守生态保护红线,以绿色发展引领乡村振兴。

对于乡村的公共环境,要改变乡村人居环境脏乱差,引导乡民对垃圾进行分类处理,促进畜禽粪污资源化利用、果菜茶有机肥替代化肥、秸秆处理、农膜回收等。通过环境的改善,增强乡民对自然人居环境的主人翁意识,形成人人爱护环境、保护生态的村风文化,积极投身并带动生态环境保护行动的持续发展,为新时代乡村振兴筑牢坚实屏障。

第五要鼓励农民创新创业,留住乡村人才。要将新时代的乡村人喜欢艰苦奋斗、勇于创新的精神融合成乡村文化的一部分,丰富乡村文化的内涵,激励后人。这就意味着政府要均衡教育文化的服务,让乡村振兴有人才支撑,要把各项资金切实落实到农民最渴望的也最需要的教育和公共文化服务上面。

我们要站在农民的立场,用他们喜闻乐见的方式,宣扬社会主义核心价值观,培育文明乡风、优良家风、淳朴民风,引导农民向上向善、孝老爱亲、重义守信、勤俭持家。同时健全乡村公共文化服务体系,以文化惠民保障农民的基本文化权益,调动农民参与乡村振兴的积极性、主动性和创造性,为乡村振兴提供优秀的人才作支撑。

第四节　生态振兴是乡村振兴的助力

当前，正是我国大力实施乡村振兴战略的关键时期，而生态振兴则是乡村振兴五大内容中不可或缺的一项。就像习近平总书记指出的那样：良好生态环境是农村最大优势和宝贵财富，要让良好生态成为乡村振兴的支撑点。

生态振兴了，才能为乡村振兴助力。所以我们一定要继续加强生态文明建设，探索以生态优先、绿色发展为导向的高质量、可持续发展道路，一方面加大生态的保护力度，另一方面打好污染防治攻坚战。

一、我国乡村生态振兴的新进展

这几年来，我国各地方一直在贯彻习近平生态文明思想，从政治政策上、思想上、行动上，都开始贯彻以绿色为指引的发展方式，不断创新，用科技做支撑，在打好污染防治攻坚战的基础上，走出一条生产、生活、生态"三生共赢"的发展道路。

首先是构建了农业农村生态环境保护制度体系。推出了农业绿色发展意见、畜禽养殖废弃物资源化利用意见、农村人居环境整治三年行动方案，印发深入推进生态环境保护工作意见，落实《土壤污染防治行动计划》，制定农业环境突出问题治理规划、农业资源与生态环境保护工程规划，农业农村生态环境保护的制度性"四梁八柱"已初步构建并不断完善。

其次是实施了农业绿色发展重大行动。2015年，在打响农业面源污染治理攻坚战、提出"一控两减三基本"目标任务的基础上，2017年起，进一步聚焦重点领域和关键环节，启动实施畜禽粪污资源化利用、果菜茶有机肥替代化肥、东北地区秸秆处理、农膜回收和以长江为重点的水生生物保护行动这农业绿色发展五大行动，全国化肥农药使用量提前三年实现零增长，规模化养殖污染防治有序推进，农业废弃物资源化利用产业日益壮大。

最后是强化科技攻关和成果转化。组建畜禽养殖废弃物资源化处理、化肥减量增效、土壤重金属污染防治等国家农业科技创新联盟，整合技术、资金、人才等资源要素，开展产学研联合攻关，合力解决农业农村污染防治技术瓶颈问题。加强产业技术体系建设，强化基础研究、技术集成、成果转化，集成推广典型技术模式，促进产业与环境科技问题一体化解决，使农业绿色发展的科技水平不断提升。

二、生态振兴的难点

当前农村，虽然在生态文明建设方面已经取得了一定成绩，但是仍然存在很多的问题和难点。

第一点就是农民的环境保护意识不强。对于很多农民来讲，村庄的环境保护是政府的事情，似乎跟自己没有什么关系。所以，农民的这种意识直接影响了他们的行动，比如对于生活垃圾的处理，他们还是遵从老办法，随心所欲，不会按照政府的要求处理，多数都是自扫门前垃圾，脏乱的地方没人管。没有主动的环保意识，就决定了农民在行动上对村庄环境保护的参与度和积极性不高。

再比如很多地方发展特色养殖，畜禽养殖业也成为这些地方的新兴支柱产业，但是，因为农民的环保意识不强，再加上政府的监管不力，造成养殖业的污染问题日益严重。比如粪便污染、大气污染、水质污染，危害空气环境、饮用水源等，极大地影响了人民身体健康。加上农药、化肥施用量增加，水源受到污染，人居的饮水质量堪忧。

第二点是乡村建设中的建筑垃圾规模不断扩大。这些年，农村建设一直在推进城乡一体化，大拆大建是常态。很多建设企业是招商引资进来的，在施工时并没有提前规划，不注重整个乡村的规划和生态平衡，因而产生了大量的建筑垃圾，又不能很好地处理，要么随意堆放，要么粗糙地进行掩埋。随着风吹日晒和雨淋，就造成了地表水和地下水的严重污染，损害了土壤的质量。而有些有机垃圾已经分解，又会污染当地的空气。

第三点是乡村的基础设施建设不足，农民的生活质量不高。一方面，尽管各级政府都在积极地推进环境整治工作，但是乡村环境的治理需要的资金投入一直以来都很短缺。再加上很多地方只注重房屋的立面改造，畜禽粪池和垃圾集中堆放场地等的设施没有建设到位，农村环卫的基础设施建设不到位，也没有专门的处理垃圾的焚烧炉，只能找地方简易掩埋。另一方面，很多地方的农民，在生活服务方面的基本设施标准很低，农民生活质量也不高。比如，在厕所革命之前，很多地方的农户家里用的都是旱厕，没有全面覆盖水冲式厕所，也没有配备污水处理装置，这就导致生活垃圾没有被循环利用，造成了严重的污染问题。

三、加强农村生态文明的四项建议

振兴乡村生态，任务还十分艰巨，需要依靠全社会的力量。首先要在认识上统一思想，还要加快农业结构调整，做好农业面的污染防治。其次要加大对生态环境保护的执法监督力度，对破坏环境的违法行为做到严厉打击。再次要因地制宜地改革农村的生活环境，保证他们的生活质量。最后还要加强宣传，让农民们自发保护生态环境，形成一种绿色生产和生活的方式。

具体来讲，要做到以下四点：

第一是增强农民的生态环境保护意识。一方面，可以通过各种宣传方式，将"绿水青山就是金山银山"的理念，深刻植入大家的骨子里去。另一方面，要根据本乡村的具体情况，深挖本地的传统文化，从中总结出农耕文明中的本土生态文化，把保护传承和开发利用结合起来，给生态振兴赋予新的文化内涵。

第二是注重并推进农业绿色产业的发展。持续推进化肥农药减量增效，推进农村生产方式绿色转型。推广农作物病虫害绿色防控产品和技术。加强畜禽粪污资源化利用。全面实施秸秆综合利用和农膜、农药包装物回收行动，加强可降解农膜研发推广。健全耕地休耕轮作制度。实施国家黑土地保护工程，推广保护性耕作模式。发展节水农业和旱作农业。加强农产品质量和食品安全监管，发展绿色农产品、有机农产品和地理标志农产品，试行食用农产品达标合格证制度，推进国家农产品质量安全县创建，支持国家农业绿色发展先行区建设。

第三是加强农村的宜居建设。继续推进农村的厕所革命，通过一些新的技术，让干旱、寒冷地方的农村也能用上干净卫生的厕所。除了厕所之外，要继续加强对农村污水和黑臭水的处理。对于农村的生活垃圾，要加大垃圾收运处的处置体系建设，将垃圾按照源头分类减量，并进行资源化处理和再次利用。有条件的地方，还可以推广城乡环卫一体化第三方治理机制，深入推进乡村的清洁和绿化行动。

第四是加强各资源的协同控制和协同治理，从而提升乡村治理的有效性。比如，最好是结合乡村自身拥有的山水湖林等资源，统一治理，提升生态系统的质量和稳定性。也可以建设国家森林公园，以此为主体建立自然保护地体系，对生物的多样性进行保护，同时控制外来物种。

对于大河和大湖，一直坚持强化河湖长制的原则，加强大江大河和重要湖泊湿地生态保护治理，实施水系连通及农村水系综合整治。对于山林、森林资源，要科学推进荒漠化、石漠化、水土流失综合治理，开展大规模国土绿化行动。

同时，还要建立健全自然资源资产产权制度和法律法规，加强自然资源调查评价监测和确权登记，建立生态产品价值实现机制，完善市场化、多元化生态补偿，实施国家节水行动，全面提高资源利用效率，推进资源总量管理、科学配置、全面节约、循环利用。

第五节　组织振兴是乡村振兴的保障

实施乡村振兴战略，组织是保障。组织振兴是乡村振兴的"第一工程"，是新时代党领导农业农村工作的重大任务。在脱贫攻坚战和乡村振兴战略的交汇期，形成脱贫攻坚和乡村振兴战略相互支撑、相互配合、有机衔接的良性互动格局，助力打赢脱贫攻坚战，更好地实施乡村振兴战略，推动"两个一百年"奋斗目标顺利实现。加强党的领导，推动组织振兴，是凝心聚力，应对各种困难和挑战，如期打赢脱贫攻坚战，实现乡村振兴的关键和根本保障。

一、没有组织，发展就是空话

习近平总书记在十三届全国人大一次会议上一语道破了乡村振兴的关键要义："要推动乡村组织振兴，打造千千万万个坚强的农村基层党组织，培养千千万万名优秀的农村基层党组织书记，深化村民自治实践，发展农民合作经济组织，建立健全党委领导、政府负责、社会协同、公众参与、法治保障的现代乡村社会治理体制，确保乡村社会充满活力、安定有序。"

目前我们讲的乡村振兴，可能也缺资金、缺技术、缺劳动力，但是这些都好解决。最关键的是缺组织。什么是组织呢？从系统论的角度来看，乡村作为一个系统的整体，是有其自身结构的。但是因为缺乏组织，这个结构瓦解了、匮乏了，所以才造成了"不振兴"。

组织显然不同于分散、无结构性关联的农户经营，它是一种农民的组织、农户的组织，涵盖了乡村的生产、销售、服务等诸多方面。并且，这种组织首先是为农民服务的，而不是为外部资本服务的。只有农民的组织，才可以将组织化的成果给农民分享。

一般来讲，实施乡村组织振兴战略的主体主要包括四个部分：农村基层党组织、农村专业合作经济组织、社会组织和村民自治组织。其中农村基层党组织是核心，是党在农村全部工作的基础，是党联系广大农民群众的桥梁和纽带。而农村专业合作经济组织、社会组织和村民自治组织的建设和完善将进一步改善当前乡村治理主体单一、效率低下的现状，逐步健全自治、法治、德治相结合的乡村治理体系，打造充满活力、和谐有序的善治乡村。

乡村振兴必须突出乡村组织振兴，打造千千万万个坚强的农村基层党组织，以乡村组织振兴带动和保证乡村振兴战略实施。可以说，组织振兴是乡村全面振兴的保障，只有抓好以基层党组织建设为核心的各类组织建设，充分发挥各类组织在乡村事业发展中的作用，才能凝聚各方力量，推动乡村振兴战略的顺利实施，实现预期目标。

要实现乡村振兴，就要有优秀的乡村干部，还要有强大的乡村基层党组织，在此基础上，才会凝聚成合作社、集体经济的力量，驱动乡村的内在力量。而要实现乡村振兴，首先就要实现组织振兴，这条路不是一般的技术创新，也不是制度创新，而是一种路径创新。

过去30多年已经用事实告诉我们，如果乡村失去组织，失去统一经营，就会变成一盘散沙，即便有资金、有技术、有人才等要素，也不可能全面展现其积极的力量和前景。如果没有组织，特别是产业组织，乡村的发展就是一句空话，所有要素都没有实际意义。

在乡村振兴过程中，农村基层党组织、农村基层党组织书记，都是有中国特色的社会主义的优势所在，是牵着乡村振兴向前进的牛鼻子，是成功之路。所以，我们依然要在优秀乡村干部的培养上下功夫，要在农村基层党组织的建设上下功夫。如此，才能发展和壮大合作社和集体经济，发挥乡村振兴的主体精神，往前越走越顺。

二、明确跟党走，推动乡村组织振兴

乡村振兴，必然要在党中央和各级党委政府的坚强领导下，在各基层党组织的全力配合下，逐渐夯实农村基层党组织的根基，充分发挥基层党组织和党组织书记的领导作用，推动乡村农业专业合作社、集体经济组织、社会组织以及村民自治组织的建立和完善，为乡村振兴提供坚强的组织保障。

首先，要发挥农村专业合作经济组织的龙头作用。农村专业合作经济组织，可以保护农民的合法经济权益，提升农民对抗风险的能力。目前，农村专业合作经济组织主要以家庭农场和农业合作社为两大新型农业经营主体，可以通过推出家庭农场培育计划、农民合作社规范提升等行动，深入推进示范合作社建设，建立健全支持家庭农场、农民合作社发展的政策体系和管理制度。

要想激发乡村的经济发展活力，促进农业的现代化发展，就要在小农户生产经营长期存在的基础上，拓展其他形式的农民组织，让农村专业合作经济组织发挥带头作用，开展多种形式的规模经营活动。

其次，要让社会组织成为新时代乡村治理体系的一部分。作为社会组织，本身是一种具有创造性、灵活性的非官方组织，也是乡村振兴的重要组成部分。随着社会组织的加入，可以改善乡村单一治理的情况，促进多元共治。

长期以来，我国的农业农村工作都是在党和政府的监督指导下展开的，

这就导致很多地方政府在乡村治理方面，形成一种全能政府的惯性思维，对公共事务总是大包大揽，从而陷入政府越位、政府缺位、选择性治理以及"碎片化创新"的误区。这些问题的出现，不仅阻碍了社会组织在乡村治理中的发展，也影响了乡村治理体系的构建。

在之前的脱贫攻坚战役中，我们已经能够感受到行业协会、基金会、各类志愿组织等社会力量积极参与的活力。在乡村振兴中，更应该引导和鼓励社会力量积极广泛地参与乡村事业。社会组织的参与，不仅可以为乡村事业发展提供专业人才支撑，还可以在资金、物质、技术等方面提供重要保障。因此，乡村组织振兴必须高度重视与社会组织的合作，动员社会参与，凝聚各方力量推动乡村振兴。

最后，要重视村民委员会的建设。在乡村，村民委员会是村民自我管理的组织，在乡村组织振兴中也是不可或缺的一部分。因为村民委员会是长期植根于乡村的，对本村的民情和社会文化、风俗习惯等都有非常精准的了解和把握，也更加了解当地乡民的真正需求。村民委员会的存在，能够促进乡村自治，还能够帮助解决当地乡民间的矛盾纠纷。

由于很多村民委员会的管理者综合素质不高，对自身的角色定位不准确，没有很强的责任意识，所以工作缺乏主动性，在乡村自治中不能充分发挥作用。所以我们要注意提升村民委员会的服务意识和主人翁意识，让其发挥真正的作用。

总之，在乡村振兴过程中，人是决定性因素，由人组成的组织在其中至为关键。组织强则乡村强，组织弱则乡村弱。因此，要建设好农村基层的建设堡垒，着力推进组织振兴，解决好组织建设面临的人才问题，吸引更多人到乡村创业、就业，帮助实现乡村振兴。

第六章 乡村振兴八大操盘方法

第一节 乡村＋品牌——实施"品牌乡村"工程

过去,乡村是不重视品牌建设的。但是在乡村振兴战略面前,品牌已经成为农业竞争力的象征,如果没有一个响当当的品牌,乡村的产业发展就会受阻。品牌不仅是现代农业的重要引擎,也是乡村振兴的重要支撑,是一种宝贵的无形资产。

正如习近平总书记指出的,要"推动中国制造向中国创造转变、中国速度向中国质量转变、中国产品向中国品牌转变"。品牌强农,是转变农业发展方式、实现乡村振兴的必然选择。

一、品牌建设的前提

在打造品牌之前,首先要明白乡村本身的优势所在,因地制宜,做好全局的规划。

首先要看本乡村有没有特色产品。我国地大物博,不同地域都有标志性的农产品,其特色也取决于当地的气候和地理环境,受自然和人文环境的影响,都会产生不同特色的产品。大家耳熟能详的西湖龙井、赣南脐橙、五常大米等,就是有地域特色的产品,品牌已经立起来了。所谓的"一村一品",不是指一村一个品牌,而是一村要做好一个产品。

其次要让特色产品产业化。这里的产业化,并不是盲目地要求规模做大,而是要拉长产业链。过去仅仅依靠传统的种植,产业做不强,所以要种养加、产供销、农工商、农旅文、一二三产业一体发展,促进产业链相加、价值链相乘、供应链相通的"三链重构",构建全环节提升、全链条增值、全产业配合的农业产业体系、生产体系、经营体系,让特色农业产业化。让农产品从田间种植到终端消费无缝对接,把产业链上的每一分收益都留在农业,留给乡村,反馈给乡民。

再次是需要依靠企业法人式的市场经营主体。一个产品品牌的塑造,只依靠小农户是不行的,必须有法人式的市场经营主体,他们可以是职业农民、农业专业合作组织、家庭农场等。要把小农户组织起来、发动起来,利用这些新型的经营主体,把他们镶嵌在产业链上。

可以考虑把农产品品牌的培育和招商引资结合起来,引进一些知名度高、实力雄厚的名牌企业和龙头企业,通过拉长品牌农业产业链,让这些企业与小农户实现有效对接,提升产品的品质和影响力。

最后是要求品牌市场化。品牌一方面需要管理,另一方面又需要保护,政府的作用是管理和引导,市场的作用是保护。所以,一定要摆好政府的位置,不是代替市场去打造农产品品牌,而是要让农产品适应市场需要,以消费者为中心,以市场为导向,培育具有自主造血功能的农产品经营主体品牌和产品品牌。所以,品牌的塑造不仅要靠政府的扶持和补贴,更要相信市场的力量。

二、品牌建设五步走

百年老品牌之所以屹立不倒,是因为他们有着明确的定位和核心竞争力,要打造乡村品牌,就要有长远和全局观念,让品牌自身散发出独特的个性和有趣的灵魂,这就需要有专业的品牌打造规划和步骤:

第一,前期调研和定位。要为乡村品牌制定一个蓝图,展开调查。一方面,要对自身拥有的优势资源、和其他乡村相比的竞争优势,以及本村的乡土文化等,做到详细的了解。另一方面,要了解外界如何评价乡村,最好能针对本村村民、外村村民、城市来的游客等群体，通过问卷调查或者访谈的形式，获得他们对本村的评价，为下一阶段设计品牌形象、描述品牌价值等作准备。

在调查的基础上，要给品牌一个调性和定位，述说品牌的价值。实际述说的是一个乡村的故事和精神，这也是品牌的核心价值。环境、资源、产业、历史、人文是构成和决定一个乡村品牌价值的要素，这些要素结合起来最终决定了乡村品牌的本质。所以，品牌的塑造要和乡村的历史文化和精神气质结合起来，铸造出有灵魂的形象，才能打动人。

然后要瞄准目标市场，确定乡村产品的目标受众是谁，才能够明确品牌价值、品牌营销的目标对象是谁，才能够有的放矢。比如，一个乡村以优美的自然环境、丰富的旅游资源见长，那么它的目标市场可能就是周边城市的周末游、亲子游市民。如果一个乡村以绿色、有机的农产品见长，那么它的目标市场更倾向于缺少品质农产品覆盖的区域商超，以及关注食品安全的城市居民等。

第二，打造品牌体系。品牌是一个塑造的过程，通过一系列实践活动，将品牌的定位、价值和概念附着在一系列软件和硬件上面，要满足目标市场的项目开发、战略规划、环境改造等。在这个过程中，要注意通过以下几个方面打造品牌体系：

首先要打造农产品品牌。这是乡村品牌建设的常见形式。政府也为此出台了"三品一标"认证方面的支持和奖励。但是在具体的操作过程中，仍然会出现农产品品牌意识薄弱、以假乱真、以次充好等现象。这就需要我们健全农产品标准化生产体系，加强农产品质量安全体系，打造突出的农产品品牌形象，建设农产品品牌推广和营销体系，建设多样化的农产品销售渠道，建立完善的农产品品牌保护体系。

其次要打造节庆品牌。中国那么多乡村，各地的乡风民俗、历史文化都是值得挖掘的品牌价值。节庆活动就是这些地域文化的重要组成部分和表现形式，兼具观赏性、娱乐性和体验性，但是也要避免同质化。所以要挖掘乡村文化内涵，深化节庆活动内容，构建节庆形象识别，丰富节庆传播媒介，建立节庆品牌管理机构。

最后要打造乡村旅游品牌。乡村旅游可以说是乡村产业的一大形式，但是，经过这些年的发展，也暴露出缺乏新意、一哄而上、同质竞争等严重问题。因为乡村旅游产品大多缺乏大量的投资，进入门槛低，质量参差不齐，竞争激烈，不能形成独具特色的品牌吸引力。所以，要从强化乡村生态环境保护、创新更新乡村旅游项目、深挖乡村文化内涵、挖掘网络营销潜力、提高旅游服务质量等方面下功夫。

第三，要有视觉冲击力，就是要让别人对特定的乡村留下特定的印象，要有视觉上的识别性。所以乡村品牌是需要形象的标志和一系列视觉规范的。需要注意的是，这里的视觉识别，不是指村口立一个什么样的形象，也不仅仅是一个原始的标志或者象征物，一定是一个系统的视觉印象，包括乡村品牌名称、乡村品牌标志、标准字、标准色、象征图案、宣传口语等。这就要求乡村民居、农产品包装、广告媒体、乡村公交站、交通工具、旗帜、招牌、标识牌、橱窗、陈列展示等视觉形象都要跟上，做到风格统一，且独具特色。

第四，要学会营销品牌。有了前面的铺垫，就为品牌的营销推广做好了准备。可以先从本村进行推广，让村民们首先了解有村的品牌形象和品牌内涵，对本村的精神风貌烂熟于心，从中获得一种认同感和归属感。要让村民们养成热爱家园、保护环境、传承文化的良好习惯，让乡村的精神文明更上一层楼。然后将品牌价值推广到村外，针对目标受众，在村庄所在镇、乡、市的主要生活、商业场所开展系列性的大规模推广活动，还可以在公交站、主要街道等人流密集区域张贴品牌形象标志等。

第五，要对品牌进行长期监管。一个品牌的塑造，必然是一个长期的过程。大家对品牌的了解，源于细水长流的吸收和过滤，不是一蹴而就的。所以，不是说创建一个品牌就完事了，而是要有系统的规划和管理，比如设立专门的机构进行日常的品牌维护和监督指导。很多地方品牌一开始轰轰烈烈，打了几个响炮之后，就销声匿迹了。所以，建议设立专门的机构进行推广，并设立专门的网站主页加以介绍宣传。设计一款标志容易，难得的是持之以恒地将一项可能要经过一两代人努力的目标坚持下去，并且通过市场反馈，合理地调整原有的品牌规划战略。

总之，对于我国数量巨大、风格各异的乡村而言，构建乡村品牌，就是在构建一座座精神丰碑，需要的是持久的战斗力和不断的投资。未来的乡村，只有借助品牌的凝聚力、吸引力和辐射力，才能增强乡村的竞争力，让乡村焕发永久的生命力。

第二节　乡村+产业
——创特色产业的"特色小镇"

实施乡村振兴战略，除了在资金和技术上加大对农村的投入之外，关键是要激活农村内在的发展动力，推进乡村经济向高质量发展。其中，特色小镇在促进城乡融合发展、促进农村经济社会转型发展方面起到了重要的作用，是推动乡村一二三产业融合发展、推进农业现代化、实现新型城镇化的重要抓手。

一、特色小镇在乡村振兴中有重要功能

这些年来，我国各地都出现了一大批特色鲜明、富有活力的小镇。这些小镇不仅激发了乡村的新经济发展活力，还带动了传统产业的转型，对于促进乡村历史文化的传承和保护、促使要素资源的优化配置起到了积极的作用。

首先，特色小镇是激发乡村振兴内在动力的重要创新源。我们所讲的特色小镇，不是行政区划意义上的"镇"，也不是产业园区的简单复制，而是按照创新、绿色、开放、共享的理念，在相对独立开放的空间内，挖掘出区域的产业特色、人文底蕴和生态资源，形成的"产、城、人、文"四位一体、生产生活生态深度融合发展的重要功能平台，是一个有明确产业定位、文化内涵、旅游特色和一定社区功能的发展空间。

特色小镇的基础是产业要"特而强"，功能要"聚而合"，形态要"小而美",机制要"新而强"。这些特色小镇都是立足产业,在推进乡村振兴中发挥着重要的作用,是实施乡村振兴战略、推动城乡融合发展的重要内容,是培育乡村振兴内在动力的重要创新源。

其次,特色小镇是当下重塑城乡关系、走城乡融合发展之路的重要突破口。因为特色小镇一边连着城市,另一边连着乡村,可以从乡村资源、产业发展、生态保护等方面把工农业、城市和乡村有机结合起来,推动三者之间的融合发展,这为统筹城乡的发展提供了更广阔的思路。

特色小镇具有产业功能、旅游功能、文化功能和社区功能,在乡村建设过程中,可以结合特色小镇的这些功能,不断优化生产力的布局,为乡村振兴战略的实施提供源源不断的动力。

再次,特色小镇具有平台集聚作用。通过小镇的形式,吸引工业和服务业进驻小镇,帮助乡村走上多元化的发展道路,这样不仅能推动农村经济的发展,也能加快农业现代化的步伐。通过一二三产业的融合发展,为乡村吸收大批富余的劳动力,提高农民收入的同时,提升乡村的生活质量。同时,因为特色小镇和城市生活方式的对接,让传统的乡村融入城市和工业的元素,促进了城乡在文化层面的融合,也将开放创新、合作共赢、科学管理等理念带入乡村,从而加快乡村实现现代化。

最后,特色小镇能够保护和传承乡村的优秀历史文化,将传统地区那些城镇商业和传统建筑群、庙、塔等古老元素保留下来,保护了历代历史事件、商务交往、航运贸易与名人活动的多种历史信息和地方习俗及非物质文化遗产,以及带有丰富而典型的历史发展痕迹和浓郁地方居住与文化色彩的历史文化风貌区。

二、特色小镇依然面临难题

据数据统计,截至 2019 年底,我国共有特色小镇 1399 个,预计这一数字到 2020 年会发展到 2698 个。尽管数量很多，但是，很多地方在小镇的建设过程当中并没有长期规划，缺乏对文化的深挖和资金的人力的支持，导致乱象丛生，出现了不少问题。

比如，某地建设了"欧洲文化风情小镇"，总占地面积约 1.2 万亩。开盘地产基本上售罄，小镇却显得十分冷清，商铺店门紧闭，难见车辆行人，成了"孤镇"。又如，某地主打"餐饮"小镇，却未见推出真正富有地方特色的美食，只有一些常规饭店零星散落，"火"了两三个月之后，便很难再有大量游客问津，逐渐失去了市场活力。

这些小镇之所以周期很短，就是缺乏长远的发展规划，不能明确最初的发展目标，或者走着走着就偏离了目标，不仅没有自己的特色，还承担了前期投入的经济负担，又对环保和文化都产生不良影响，得不偿失。

还有一些地方，对特色小镇建设不知如何入手，把特色小镇建设等同于形象改造，将大量建设资金用于搞"穿衣戴帽"工程，被群众称为"形象工程"和"花架子工程"。"穿衣戴帽"工程仅仅提升了临街、沿路一面的房屋形象，但给不少百姓添了麻烦。本是老百姓的自住房，屋外却被"穿"上统一的仿古建筑"服装"，"戴"上了灰瓦"帽子"。如此一番，一些原本具有红色基因和历史文化的小镇遭到"开发式"破坏，当地老百姓颇有怨言。

之所以出现这些乱象，源于特色小镇建设初期的贪多求快求大，大量项目"一哄而起"，引发概念定位不清晰、同质化、盲目举债风险加大、房企过度参与带来地产化倾向严重等问题。很多地方缺乏深入细致的调研，对于"特色"和"小"的意义并未认识到位，不晓得特色产业是特色小镇的灵魂，"小而精"才是关键，缺乏产业立镇意识，更不了解如何运用"市场主导，自然发展"的建设规律，从而无法开发出产业特而强、功能聚而合、形态小而美、机制新而活的优质小镇。

三、让特色小镇"特"起来

首先，只有抓住自身的优势资源和特色，结合乡村本身的产业和环境因素，才能打造出既有明确的产业定位，又有文化内涵，还兼具旅游功能和社区功能的城乡一体化新型城镇化模式。这就要求我们要舍得淘汰掉住宅地占比过高、有房产化倾向的不实小镇，以及没有什么特色和竞争力的高同质化小镇。将落脚点放在区域的环境特点和优势资源上，深入挖掘"市郊镇""市中镇""园中镇""镇中镇"以及卫星型、专业型等特色小镇案例，从而总结出在机制政策创新、政企合作、投融资模式等方面的先进经验。鼓励有实力又有经验的企业牵头打造特色小镇，避免大家一窝蜂，走入"千镇一面"的死胡同。

其次，在功能上突出"复合"。一直以来，乡村的基础设施和公共服务都远落后于城市，这一落差可以通过特色小镇来弥补。因为特色小镇可以植入现代城镇生活的要素，发挥出功能叠加的优势，实现产镇融合、人文与自然融合、创新与传统融合、生产生活与生态融合。通过这些相关功能的叠加和融合，放大综合效应，为乡村提供很多城市里才有的公共设施和配套服务，包括金融、科技、电商、时尚、交通物流、文旅休闲等。

再次，要向改革要动力，改变工作思路，注重将特色小镇培育成城乡融合、区域统筹的重要载体。将一张蓝图绘制到底，坚持多规融合，以此构建新型的国土空间规划体系。要针对城乡发展不平衡、二元结构突出的问题，加快建立健全城乡融合发展的体制机制和政策体系，让城市的基础设施向乡村倾斜，让特色小镇成为城乡连接的重要节点，将乡村的良好生态、土地优势和农产品优势等转化为产业优势。让这些要素能够自由、平等地流动和交换，不断提升城乡融合发展的水平和质量。

最后，要贯彻落实《中共中央、国务院关于建立健全城乡融合发展体制机制和政策体系的意见》和《中国共产党农村工作条例》精神，结合各地工作实际，激活农村土地资源，让农村的集体用地和宅基地等土地资源以各种形式融入特色小镇建设。灵活运用乡村的产权流转交易市场，让土地资源进入现代经济流转体系。提升城乡要素的双向流动和平等交换。突出乡村发展特色，激发市场活力，促进乡村特色产业的发展。

第三节 乡村+休闲——发展"田园综合体"

2017年2月5日,中央一号文件由新华社受权发布。这份文件题为《中共中央、国务院关于深入推进农业供给侧结构性改革加快培育农业农村发展新动能的若干意见》首次提出"田园综合体"的概念,提出要支持有条件的乡村建设以农民合作社为主要载体,让农民充分参与和受益,集循环农业、创意农业、农事体验于一体的田园综合体。

田园综合体是在城乡一体的格局下,顺应农村供给侧结构改革、新型产业发展,结合农村产权制度改革,实现中国乡村现代化、新型城镇化、社会经济全面发展的一种可持续性模式,是当前乡村发展代表创新突破的一种思维模式。

2018年1月2日,中共中央、国务院印发《关于实施乡村振兴战略的意见》,强调田园综合体作为乡村新型产业发展的亮点措施,是集现代农业、休闲旅游、田园社区于一体的特色小镇和乡村综合发展模式,也是在城乡一体的格局下,顺应农村供给侧结构改革、新型产业发展,结合农村产权制度改革,实现中国乡村现代化、新型城镇化、社会经济全面发展的一种可持续性模式。作为新田园主义的主要载体,田园综合体更是实现"乡村振兴"的重要手段和主要平台。

一、田园综合体为乡村振兴解决两大问题

第一是有助于解决乡村振兴过程中的环境保护和绿色经济可持续发展

问题。改革开放后的很长一段时间，我们在发展经济时，以资源和环境的牺牲为代价换取经济的增长，忽略了环境保护和绿色可持续发展问题，这在一定程度上导致城乡差距进一步拉大，农业生产环境遭到破坏，农村的发展始终滞后，与工业化建设、一二三产业的融合度不够。

再者，随着农村地区劳动力的外流，很多地区出现了空心村的现象，而老龄化的问题也随之而来。虽然这几年来很多地方也开发出特色小镇、美丽乡村等项目，但是因为没有经验，又追求短期效益，不能立足长远、全局规划，导致各地的特色小镇同质化严重，还对当地的生态造成了破坏。

正是在这样的背景下，田园综合体应运而生，成为"三农"（农业、农村、农民）和"三生"（生产、生态、生活）融合的新趋势，是顺应绿色发展的新型组织形式。既能够发展环境友好型产业，降低能耗和物耗，保护和修复生态环境，又能够发展循环经济和低碳技术，使经济社会发展与自然相协调。

第二是解决城乡二元结构问题。二元结构是什么？是城乡之间的物质差距，还有二者之间的精神和文化差距。解决途径就是通过产业劳动发展经济。在乡村，什么样的产业可以发展起来呢？在一定的范畴里，形成快速工业化时代的乡镇工业模式之后，乡村可以发展的产业选择不多，较有普遍性的只有现代农业和旅游业两种主要选择。农业发展带来的增加值是有限的，不足以覆盖乡村现代化所需要的成本。而旅游业的消费主体是城市人，它的增加值大。因此，旅游业可以作为驱动性的产业选择，带动乡村社会经济的发展，在一定程度上缩小城乡之间的差距。

因此，在这个过程中，要注重借用城市因素解决乡村的问题。要解决物质水平上的差距，就要让城里人都去乡村消费。而要解决文化上的差距，就是让城里人和乡里人多多互动。而城乡互动最好的办法，就是在空间上把城里人和乡里人"搅和"在一起，让他们交流和互动。城镇化这个概念，并不是简单地让乡民们住上楼房，解决他们的城市户口，而是让他们和城里人缩小文化方面的差异，真正实现人的城市化。因此，城乡互动是最有效的途径。

反观欧洲和日本小镇的发展就会发现，它们的成长经历了百年的沉淀，物质和文化的积淀是通过长期的人员互动积累下来的。中国的发展之路又不一样，从时间上来讲，发展时间短，又缺乏相应的人才、资金和组织模式，还需要依靠自己琢磨。很多乡村都是因为没有有序的组织而逐渐凋零的。这就需要我们动用社会资源，让企业和金融机构有机会参与进来，联合政府和村民组织，以整体规划、开发、运营的方式参与乡村经济社会的发展。

田园综合体，正是城乡统筹规划体系的有效补充，是新型城镇化发展的路径之一和重要抓手，是农业农村统筹发展、城乡融合的主要规划设计类型。

二、田园综合体的打造策略

打造田园综合体，要以乡村资源和土地为基础，以产业为后盾，以文化为灵魂，以体验为活力，创造新乡村消费，促进城乡互动。

首先可以尝试以乡村资源和土地为基础的"基础+资源点"策略。如今的乡村旅游资源，包括人工打造的旅游资源在内，决定了项目地乡村旅游产品开发的核心导向。土地资源决定了田园综合体的规模，影响着乡村旅游产品的配比结构。

可以尝试"岛式圈层"田园综合体的开发模式，将乡村旅游资源和乡村的土地作为最外层的圈层，通过运用合理的综合开发手段，以农业深层次开发（如循环农业、创意农业、生态农业）和农业规模化发展为主，辅以农产品加工销售、科研、教育、医疗、培训等其他产业,并形成产业间的联动。

还可以利用当地的特色农作物,开发出具有创意性的农产品,形成创意农业产业链,开展农业观光、体验、休闲、度假等乡村旅游项目。

其次可以开发乡村旅游休闲项目,实行"主导+吸引点"策略。田园综合体在打造过程中要发挥主导作用,赋予乡村更多的功能,旅游休闲就是其中很重要的内容之一。在田园综合体的主导下,合理开发与之相适应的不同类型、不同层次、不同规模的乡村旅游产品,使其成为整个田园综合体的重要吸引点,撬动乡村旅游市场。

鉴于各个乡村之间的旅游项目比较多,互相之间也可以相互串联、有机组合,将若干条旅游干线连接起来,形成一个各个圈层相互连接的大的田园综合体。

在田园综合体内部,也可以融合乡村观光、游乐、休闲、运动、体验、度假、会议、养老、居住等多种旅游功能,将田园综合体打造成一个旅游休闲的地方,采用开设休闲垂钓、农场动物园、田园采摘等形式,让更多城里人获得体验的快乐。

并不是所有田园综合体都要具备这些功能,各乡村在开发过程中,要根据自身的地域和文化的情况,侧重于其中一项或者几项功能,形成各具特色的乡村旅游休闲项目,从而带动整个区域的发展。

再次是打造休闲商业项目,走"配套+支撑点"策略。结合乡村生态环境、生态景观等生态优势,可分期、分步、合理地建设生态化乡村休闲度假酒店、乡村特色商业街、乡村购物中心等商业设施,作为田园综合体的商业配套板块,综合性地体现生活、休闲、购物、娱乐等多项功能,为整个区域提供较高品质的服务。

最后是开发乡村休闲地产，走"核心+盈利点"策略。这里的乡村休闲地产，主要依托乡村的生态环境，以美丽乡村、绿色乡村为导向来打造，可以是以居住功能为主导的传统地产和居住小区，也可以是以酒店式管理为主导的产权式酒店。

目前可开发的乡村地产类型有乡村景观地产、乡村度假地产、乡村养老地产、乡村主题地产等，按照内容又可以分为创意地产、民俗地产、酒庄等多种类型。这些地产当中都融入了低碳、环保、节能、科学、效益高等现代化理念。

虽然乡村休闲地产是田园综合体开发的最核心板块之一，具有很强的盈利能力，但是注意不能过度开发。一方面要避免乡村土地的滥用，另一方面要管制投资资金的滥用，避免短视下的不良损失。

总之，这四种策略的最终目的，就是实现产业的相互融合与渗透，形成以市场为导向，以农村的生产生活和生态为资源，将旅游休闲与农产品、风俗文化相结合的产业链融合和升级，从而提升现代农业的价值，这不仅拓宽了乡村的消费市场和旅游市场，也加速了城乡之间的物质和精神融合，能够有效实现经济效益、社会效益、生态效益与资源效益的全面可控发展。

第四节　乡村+旅游——特色乡村旅游项目

从我国的发展大环境来看，乡村因为地广人稀，只留守了一些生产能力较低的老人、妇女和儿童，不能吸引年轻的人才。

就拿以粮食生产为主导的农业来讲，我国的农业GDP占比在7%—8%，而在全球范围内，发达国家农业比例大概只占2%，美国仅为1%。未来随着农业自动化的发展与普及，我国的专职务农人员会越来越少，农业占比随之越来越低。

剩下只有旅游业可以扛得起发展乡村产业的大旗了。乡村旅游作为乡村地区新的增长点，具有广阔的发展前景，成为乡村振兴的主要动力之一。所以，我们应该尽快依托乡村资源，对旅游产业进行转型和升级，提升旅游产业的质量，优化产业的发展环境，实现增值增效，激活乡村的发展潜力。

一、发展乡村旅游要注意保护生态、改良机制、丰富产业形态

首先，生态资源是乡村旅游的前提，所以对于乡村的生态资源，要给予严格的开发和监管。乡村旅游高质量发展依赖的基础和首要标准是生态环境的高质量存续，只有在对区域资源特质科学保护的基础上发展乡村旅游，才有可能通过保护和开发并举实现乡村旅游的高质量发展。

一方面，要对区域的旅游资源进行科学的评估，建立标准化的数据监管系统，将生态环境纳入数据库，包括空气质量、生物种群的繁盛程度、

水资源纯洁度等数据都要归档，建立指标体系，可以对这些数据进行逐年对比，确保生态指标保持在健康水平。

另一方面，可以根据生态评估的大数据，制定出相应的旅游资源开发的区域性标准，主要目的是以保护生态环境为主，将产品设计为生态环境的可持续发展服务。

其次，要改善人居环境，形成良性机制。要根据乡村本地的治理情况，思考创新出新的乡村治理模式，全面提高乡村的基础设施和管理水平。

一方面，可以对一些经济先发地区进行考察，吸取他们的经验，也可以参考国外乡村的基建标准，形成创新治理模式，主导持平甚至是略高于先发地区的乡村基建标准，注重新基建的布局，打破跟随建设、未建设已淘汰的基本现状，在乡村治理模式选择和基础设施建设等方面具有前瞻性。

另一方面，可以争取与乡村企业合作，由政府出面支持，让旅游企业反哺，也可以让社区居民多多支持，实现多元治理和多级共治的循环治理模式。

最后，为了推动乡村旅游高质量发展，要丰富旅游的产业形态。在乡村旅游产业中，不仅要把农业和旅游业融合起来，还要借助科技的力量，将信息科技融入"互联网+"的概念和思维，在当前发展新业态、新经济和新模式的机遇面前，逐步创新区域产业模式和形态。

一方面，可以深度推进区域智慧旅游建设，同时融合智慧城市建设，形成旅游产业全面上网。也就是说，面对游客时，可以为他们提供网上预订、网上消费、网上管理等一站式网上服务，还可以提供线上云旅游等丰富的旅游体验产品。就旅游企业和主管部门而言，它们可以根据游客的大数据进行数据库分析，从而在区域旅游宣传和产品设计以及景区管理等方面统筹规划，更好地服务游客，从而提升区域旅游的吸引力。

另一方面，可以结合当前正在崛起的数字经济、共享经济以及粉丝经济等新的经济模式和新的业态特征，在旅游产品和旅游服务的创新上下功夫，拓展拓宽旅游产品营销路径和方式，充分挖掘区域旅游资源、特色农产品等潜在的商业价值，由此提升旅游产业的经济效益。

二、乡村旅游的五大开发策略

第一，为乡村旅游铸魂，也就是为乡村旅游打造鲜明的主题。主题可以反映乡村旅游目的地的主要题材，主题的设定决定了我们将如何开发和利用乡村旅游资源，决定了如何进行市场定位，也决定了开发中核心项目所反映出来的核心旅游产品的内容和形象。没有主题，就没有乡村旅游的形象，就没有灵魂，没有重点。

首先我们要设计出一个独具匠心的概念，这是产品开发的主线。其次我们要明确旅游产品的卖点在哪里，面向的客户群是谁，依托的优势资源是什么。最后，景区内的建筑物、服务设施、商品、体验活动、美食、景观等，都要和主题相关。

民俗类的乡村品牌，就是以当地的民俗文化资源为依托，从中提取核心的文化元素，发展出相关的主题文化产品，从而打造出具有特色的乡村品牌。圣诞老人村、忍者村、五渔村等都是这方面的典范。

第二，将业态、物产、住宿、娱乐等项目无缝融入主题当中。比如将商品主题化：构建"主题+泛产品"的商品体系，打造主题商品品牌，创新泛产业产品，向生活器具等日用品衍生。将售卖方式主题化：创新外包装设计、主题化设计产业元素标识，突出本土文化与时尚风潮的结合，注重各类媒介的推广宣传。

深挖当地的物产，将当地的美食主题化。可以利用乡村原汁原味的美食，打造出和主题相关的美食，比如咬人猫面包、妖怪泡面等。也可以将吃的环境主题化，比如蓝精灵餐厅等。

在住宿方面，为了留住顾客，更是要在主题上下功夫。可以根据自身优势打造精品民宿和高端度假酒店，也可以打造主题养生庄园。将主题融入建筑的设计风格或者房间的布置风格，也可以在服务上面做一些主题鲜明的设计。

如果能在娱乐项目和体验项目中融入主题，让游客参与生产过程，成为产品的生产者、管理者或者经营者，一定会给他们留下深刻的印象。一些很有特色的产业节庆活动以及创意体验活动之所以经久不衰，就是因为他们巧妙地运用了主题和产品相结合，吸引游客参加。

第三，强化专业化经营，抓住三类主体。一类主体是家庭作坊，它们比大规模的经营主体更加灵活、有个性，只要把好环保关和安全关，就可以促进它们向现代家庭经营方式转型。还有一类主体是村办经营主体。可以通过土地、资源等资产折股，按照现代股份制公司的标准，改革和发展农村集体经济，促进农村经济的发展壮大。最后一类是社会经营主体。这类主体一方面依靠内部培训，鼓励当地的优势企业组建成较大的旅游企业集团，另一方面通过招商引资，吸引区域外有实力的企业入驻本地区，打造当地有代表性的乡村旅游项目。

第四，延伸产业链条，明确产业分工。从原来的一个或者几个产业环节，向全面产业环节拓展，从产品的设计、生产到物流，以及产品的销售、消费、营销，甚至产品和服务的规划咨询、创意设计、农业生产、互联网销售平台等，各个产业链条都要有明确的产业分工，从中获取尽可能多的经济效益。在此基础上，再将主题放大，打造更加精致化的产业。

这四点都做到了，我们才有可能打造出一个能立得住的乡村旅游品牌，让品牌在游客心中扎根，产品才能走得更远。

第五节　乡村+物流——落地"加工物流产业园"

乡村物流的健康发展，对构筑农产品和农村生产生活的物资高效便捷的流通有重要的作用，对支撑乡村振兴也有着重要的意义。物流对于乡村来说，是一个双向循环。不仅要把生产的东西运出去，还要把大家需要的东西运进来，解决"最后一公里"的问题。

建设加工物流产业园，可以盘活乡村的现有资源。各种基础设施是乡村振兴发展的重要条件，缺乏现代化的交通、通信、物流、人流、信息流，地方就无法实现与外部世界的联系沟通，乡村偏僻的地理位置被阻隔世外，就无法与外部更广阔的地域结合在一起，形成一个向外开放的经济空间。因此落地加工物流产业园，通过组织加工、分类仓储、智慧物流、定制交易形成高效的链接枢纽，以此盘活乡村的现有资源，打通与外界沟通的桥梁，构建产业振兴的外向型经济，意义重大。

一、我国农业物流现状

我国是世界上的农产品生产大国和消费大国，在国内经济与农业快速发展的推动下，农产品物流规模高速发展。

但是，由于城乡二元经济结构的长期影响和农村生产力水平的制约，我国农村一直处于"重生产，轻流通"的状态，而在商品的流通过程中又存在"重城市，轻农村"的情况，导致农村的物流问题一直存在。

农村的物流意识差，农民没有意识到现代物流对于提高农产品附加值、增加农民收入的重要作用，自然不会乖乖合作。再加上基础设施落后，农产品因为自然属性，不能够长期保存，容易腐烂变质，在一些交通不好的地区，情况就更为严重。农村又都是散户居多，组织化程度较低，各自为政，缺乏联合，物流的渠道链条缺乏整合，缺乏效率。以上都导致农产品不好保存，运输困难。如果地方政府的政策再跟不上，物流业就难以发展起来。

这就需要我们增强农村物流意识，综合利用与物流相伴的信息流、资金流，重视物流技术的开发和利用，加大资金投入，完善基础设施，从政策上大力支持农村物流的发展，在一定程度上带动整个农村物流的规范和发展。

二、冷链建设是乡村物流的重中之重

农村物流要想发展，冷链物流是必不可少的一环。在农村农产品物流中，为了使其中的生鲜农产品在运输过程中得到规范的保温、保湿或冷藏，冷链是必不可少的物流方式。根据中物联冷链委数据显示，2020年我国果蔬、肉类、水产品的冷藏运输率分别为35%、57%、69%。农产品物流的快速发展也带动农产品冷链物流基础设施的建设完善。

2020年1月6日，农业农村部办公厅发布《关于做好"三农"领域补短板项目库建设工作的通知》，拟组织建立完善农业农村基础设施建设重大项目储备库，并启动实施农产品仓储保鲜冷链物流设施建设项目。这一措施的出台，将进一步加速农产品冷链物流在全国的布局，为行业发展创造良好的政策环境。

2020年，中央安排50亿元财政资金支持河北、山西等16个省（市、区）开展仓储保鲜冷链设施建设。到2020年12月底，支持超9000个新型农业经营主体在农产品产区新建或改建1.4万个仓储保鲜冷链物流设施，农产品冷链规模超过600万吨。

2021年4月29日，农业农村部办公厅和财政部办公厅联合发布《关于全面推进农产品产地冷藏保鲜设施建设的通知》，中央财政支持将农产品产地冷藏保鲜设施建设区域扩大至全国31个省、市、自治区及新疆生产建设兵团、北大荒农垦集团有限公司、广东省农垦总局、中国融通农业发展集团有限公司，聚焦鲜活农产品主产区、特色农产品优势区和832个脱贫县，重点围绕蔬菜、水果，兼顾地方优势特色品种开展设施建设，具体建设内容包括通风贮藏库、机械冷库、气调贮藏库、预冷及配套设施设备四大类。

在农产品产地冷藏保鲜整县推进试点县遴选方面，农业农村部也给出了具体的数量控制标准，在湖南、广西、陕西、甘肃4省设置的控制数量较高，以上4省也是我国农产品产地冷藏保鲜整县推进试点县重点选择的地区。

三、借力新基建，山东聊城田源汇案例

随着互联网在农村的覆盖，我国的农村物流市场规模日益壮大。由于农村居住分散，交通基础设施较差，农产品种类分散、规模不大，物流成本高、效率低，生鲜农产品易损耗腐烂等原因，目前"农产品上行"之路依然很艰难。

近年来，山东省茌平区数字经济产业园聊城田源汇电子商务有限公司（简称田源汇）借力"新基建，探索新物流，打通农村最后一公里"，致力推动"三产"融合、城乡融合推动产业振兴发展。

田源汇从以下四个方面进行物流生态的建设：

一是发展电商平台，构建本土化的电商商城——宏大海融商城。该商城分为粮油副食、生鲜食品、食品饮料、日用百货、家用电器、进口好货、今日爆品等八大业务模块，涉及生活的用品都可以在App上完成下单购买，这个商城结合建立在遍布城乡的服务约3000人的网点180个，建立起城区网点配送团队、乡村网点配送团队、及时达（2小时内）快递物流配送体系，致力于建立惠及茌平居民的开放式供应链体系。

二是结合供联汇通打造生态供应链。以"推倒企业这面墙，突破空间时间的局限，开放分享，共生共赢，人人可加盟，时时运维"的核心思想，致力打造服务人民衣食住行及企业服务的生态平台。以"互联网+"的运营模式将食品公司、副食公司、果品公司、粮油供应公司、文化产品公司、跨境电商公司等有机结合，线上线下O2O互通，为大家提供便捷、便宜及安全的产品供应。

三是融合当地快递网点布局及网络配送体系。截至2020年5月份，共设立村级网点83个、社区网点62个、乡镇网点及乡镇超市53个，努力实现让乡村快递收发便捷，让工业品下行顺达，让农特产品出乡上行。

四是成立田源汇农产品加工基地。不仅建设运营了农产品标准化分拣分级加工车间，还通过工厂化加工，打造新型职业化农民实践基地。将依托农业大数据促进农村土地规模化土地流转与精准订单种植。

2020年以来，田源汇积极推动"互联网+农业"，加快构筑农产品冷链物流体系，建成了农产品从"田间地头—分拣线—村镇集散中心—物流冷链中心（前置仓）—交易批发市场—社区菜篮子"的冷链物流体系。通过城市共同配送试点、"互联网+"流通行动计划、物流标准化"三个结合"，实现全区物流配送效率和提高仓储管理效率，将是下一步物流建设的目标。

第六节 乡村+金融——金融服务全覆盖

目前来讲，农村的金融仍然是我国金融体系的短板。这些年来，农村金融改革持续推进，很多金融机构都对乡村振兴和脱贫攻坚给予了相应的信贷支持，涉及农村产业部分的贷款规模有了很大的提升，金融的普及程度和服务水平都有了提高，使得"三农"金融可得性显著提高。

但是，我国农村的金融体制还不健全，缺乏有效的市场竞争机制，相应的风险防范机制也很有限。加上不同的区域对涉农金融的需求也有着很大的差异，金融服务无法达到能够因地制宜、鼓励创新的地步。

自乡村振兴战略实施以来，我们对农村金融服务提出了更高的要求，该体系应该加快改革步伐，以便适应农业农村改革发展的需要，为农业农村现代化提供有力的支持。

一、乡村金融环境的短板

当前，我国农村的金融体系还普遍存在很多问题。

第一是金融的服务网点不够。当前我国农村金融发展薄弱，金融服务不足，问题在于机构不足而非机构过多。在一些金融机构的辖区内，即便是所有乡镇都有物理网点，也会因为部分乡镇地域广、人口分散等问题，出现现有的物理网点及自助设备不足、服务跟不上的问题，仅仅靠农村支行的力量，远远不能满足农民的金融需求。

第二是居民对物理网点依赖性较强。农民因为长期生活在农村，与外界的联系不多，习惯了传统的物理网点的金融服务，对于当前兴起的手机银行、微信银行等线上的金融产品还不习惯，很多老人都不会使用。遇到真正的取款、存款、贷款等现实问题，大家还是愿意去物理网点办理，对物理网点有很大的依赖性。所以，遇到农村有什么经济活动比如赶集之类的，农村支行的物理网点就会出现排长队、挤满人的现象，而自助取款机和移动支付渠道使用的效率并不高。这就是习惯还没有跟上金融机构创新的发展。

第三是农村金融机构的信贷投放机制僵化。僵化的信贷投放机制带来了审批慢、周期长、效率低等弊端，导致信贷投放难以满足农村人民的有效需求。同时，部分客户经理因为害怕贷款出风险，存有惜贷、畏贷等心理，导致人为延长信贷审批时间。一旦到了春节等节假日，农村的小卖部、副食店等小商户为了经营临时性囤货需要贷款，就没法得到保障。而没有抵押、难担保、有产业的农户也会因为资金缺乏而不能扩大经营。

第四是农户的信贷需求与实际情况不匹配。一方面，农村经营性信贷需求高。部分农户运用资金能力差、经营水平低、对市场需求反应慢、"拍脑袋做决策"等盲目投资行为较为突出。加之这些农户"不成熟、不合理、不切实际"的申贷计划，导致金融机构不愿为其放贷。另一方面，部分农户受制于自身资产、经营和信用状况，难以通过正规渠道在金融机构获取贷款或其预期额度的贷款。

第五是农村小额贷款风险成本高。一方面，当前农村信用环境不容乐观，部分农户信用观念淡薄，导致逃废金融债务等违法行为在农村地区时有发生。一旦出现不良贷款，受制于农村特殊的环境，清收手段单一，很难使用依法起诉、强制扣款、变卖资产等手段清收不良贷款。另一方面，农民风险防范能力弱，受社会、自然、市场条件影响很大，导致农户小额信用贷款风险较大。同时，部分刚脱贫的农户对扶贫贷款认识不到位，误把农信社的"扶贫贷款"当作政府提供的"扶贫专项资金"，缺乏履约还款意识，导致出现部分逾期贷款。

二、乡村金融需要解决的几大问题

第一是建立多元化、多层次的农村金融机构体系。进一步鼓励银行业金融机构建立服务乡村振兴的内设机构，保持农村信用合作社等县域农村金融机构法人地位和数量总体稳定。同时，着力构建大中小金融机构公平竞争、共同发挥各自优势、满足不同层次需求的农村金融体系。同时，还可考虑放宽农村金融机构准入，增加服务农村的金融机构尤其是小型金融机构的数量，形成有进有出、优胜劣汰的市场化竞争机制。

第二是完善农村金融基础设施和金融环境建设。一方面，支持市县构建域内共享的涉农信用信息数据库，用3年时间基本建成比较完善的新型农业经营主体信用体系。另一方面，还应完善农村支付体系等金融基础设施建设。完善农业灾害风险转移分摊机制，大力建设农村担保体系，加强对农业信贷担保放大倍数的量化考核，提高农业信贷担保规模。此外，还应持续推进农业的保险发展，健全农业再保险制度。

第三是大力发展农村数字普惠金融。近年来，数字技术在促进农村金融服务成本下降、提高农村金融覆盖率方面发挥了重要作用。接下来，在建成比较完善的新型农业经营主体信用体系的基础上，金融机构可在涉农领域加大数字技术投入，创新农村服务模式，更好地满足"三农"金融需求。

当前，面对全面推进乡村振兴、加快农业农村现代化的更高要求，农村金融体系必须坚持为农服务宗旨，进一步深化改革，建立一个与"三农"需求相适应的、能够跟上农业农村现代化发展步伐的农村金融体系，形成金融与"三农"发展的良性循环。

第四是强化乡村振兴关键领域的金融供给。优先支持重要农产品稳产保供，持续加大对一些特殊工程的信贷和保险支持。有效服务国家农业科技自立自强，围绕生物种业、高效设施农业、数字农业、农机装备等农业"卡脖子"科技领域加强金融供给。推动补齐农业农村基础设施短板，为新型城镇化建设和乡村建设行动添砖加瓦。创新服务新型农业经营主体和农户，开发专门信贷产品，合理增加与农业生产经营需求相匹配的中长期信贷供给。

第五是健全农村信用体系建设，积极参与农村信用信息平台建设，配合相关部门开展新型农业经营主体信用建档评级工作，2021年末完成全部覆盖任务的1/3的目标，力争实现2023年底基本全覆盖。

第六是健全涉农贷款风险补偿机制。我国农业保险存在"三低三高"现象。"三低"是指低保额、低收费和低保障，"三高"是指高风险、高成本和高赔付。这一情况导致很多国内的商业保险公司不敢也不愿意轻易进入这个领域，所以农业保险没有可发挥的余地。

另外，涉农贷款的风险较大，成本又高，而相应的风险补偿机制还没有建立起来，银行贷出去的款收不回来，就很难有积极性参与到这项商业活动中来。再加上国家对农村金融市场中的贷款利率有严格的控制，要求对农户的贷款实行优惠政策，这对银行来说，贷款成本就更高了。

所以，为了提高农村商业银行等金融机构的营业积极性，就应该从政策上完善涉农风险补偿机制，让银行安心贷款，也有信心回款。

第七节　乡村+社群——构建社群新零售网络

虽然我国农村的合作经济已经成为解决"三农"问题的重要途径，但是因为受到传统发展理念的影响，合作经济一直没有突破，这就有必要引入国内外都十分重视的社群经济发展理念，探讨社群经济以及在此基础上建立的新零售网络将对接下来的乡村振兴产生什么样的作用，以便我们拓展出更多、更有创意的发展思路。

实际上，从全球来看，社群经济在一定意义上就是指农村的社群经济，它对农村经济社会的全面发展有着重要的意义。

一、社群经济是传统经济的有效补充

在农村，传统经济的发展模式发挥的作用正在变小，发展社群经济是必要的补充。在这个过程中，政府组织、非政府组织以及社会资本都在其中发挥着自己的作用。无论早期的合作经济发展模式，还是后来的社群经济发展模式，应用最为活跃的都是农业领域以及农村和偏远地区。因此，社群经济对于农村的经济发展具有重要的意义。

首先，社群经济有助于农村脱贫。社群经济通过社群自我开发和管理所拥有的经济、文化和自然资源来达到创造就业、提高成员收入和社群福利的目的。在农村，特别是在贫困地区和偏远地区，都拥有特色鲜明的自然资源和文化资源，社群经济可以利用这些资源优势，让当地的农民从中获益。社群经济可以帮助他们解决贫困问题，因此常常被广泛应用于扶贫领域。

其次，社群经济能够为本地村民增收，促进本地农民就业。通过支持本地农业和商业的发展，社群经济可以为本地村民提供大量的就业机会。例如，应用十分广泛的社群旅游、社群林业等社群经济类型，就是基于本地特色资源发展本地产业经济，为本地村民提供直接的就业岗位。另外，社群经济组织还可以通过技能培训、职业教育等方式，来指导和帮助本地居民就业，提升他们的技能。

再次，社群经济有助于农村的可持续发展。社群经济注重培养本地的可持续发展能力，在获得短期利益的同时确保长期可持续性。一般地，社群经济发展早期阶段对外部力量依赖性较高，各类政府和非政府机构通过实施项目和提供教育培训，让社群和社群成员能够在外部力量退出后也能实现自我持续发展。同时，由于社群经济发展注重本地资源的合理开发和环境保护，也能实现人与自然的和谐发展。另外，社群经济需要本地的村民参与到当地的经济社会发展过程中，并且获得更多的收入，这种包容性发展更能刺激当地村民的参与积极性，稳住了一批劳动力，又发展了当地经济。

最后，建立在社群基础上的新零售，在农村会有更大的发展前景。新零售并不是传统零售的替代品，而是一个全新的产物，它是整合了线上、线下的统一购物空间。要做好农村新零售，主要工作在于两点，一是终端空间，二是社群运营。在以往，这个终端空间就是各个村镇的小卖铺，或者是县镇里的超市。现在，这个终端空间发生了变化，它是以一个个线上服务为节点，以线下人群为目标的终端消费空间。它的消费产品更多，消费服务更为完善，具有绝对的优势。

在互联网的加持下，这种终端空间的实现，离不开农村的社群经营。

农村在这方面的最大好处，就是以传统宗族、村落为核心的关系网络可以更快地打造一个社群空间出来。在社群空间里，依靠传统的人际关系处理方式，可以更快地将人际关系转化为产品消费力。这种优势是一二线城市无法企及的。

正是因为社群新零售的美好前景，腾讯等早就已经扎进农村市场，开始布局。

二、从多方面探索社群零售新模式

一是社群电商。在寻求农村电商的突破方面，很多地方选择了社群电商。社群经济本身就是一种转化率很高的电商行为，不论个体微商还是商家、企业，在社群建立方面都是不遗余力的，做得好的社群，无论商业转化还是品牌营销都取得了惊人的效果。在农村，因为大家相互之间都比较熟悉，这种效应就更加放大。在基于微信的社交平台基础上的农村社群，是最广阔而没有界限的商业链接，是最容易建立的，但是还没有充分发挥它们的价值。

二是行政村。中国一个典型的行政村，一般有农民1000人，350户农户，5000亩地，1000头猪，90台汽车。我们可以以行政村为单位，通过微信群把人们聚集在一起，既能够发挥联络情感的功能，又能够连接公共服务。所以农村社群的属性，如果以行政村为单位，本身它的黏度就高，活跃度也高，可以作为农村信息发布的主要媒介。

目前我国大部分地区都已经通过微信群，以行政村为单位，建立起了自己的社群，管理农村社群的基础条件已经具备。比如行政村的微信群一般由村主任或者会计建立和管理，发布水电、社保等相关信息，已经取代了广播，成为农村信息发布的主要平台和途径，微信群粉丝熟悉度高、活跃度高，微信群内信息与粉丝息息相关，粉丝留存度高，群内粉丝熟悉度高很好引导，人群也能精准到村组。

更重要的是这样一些行政村的商业价值。假如每一个行政村的微信群人数都在300人以上，以一个县为例，200个行政村至少有150个村会有微信群，150个微信群所涵盖的粉丝就能达到45000人，一个如此规模的县域社群其价值是不可估量的，相比拥有5万粉丝的公众号，会更有利于商业变现。现在做农村电商的企业很多是业务覆盖多个县的，如果能统筹农村微信群，能掌握几十万甚至上百万的农村粉丝，那么做商品下行和做商业信息都会变得非常轻松。

三是通过新消费需求实现变现。对于农村来讲，其实是一个拥有熟人社会的成熟的社区，在这个社会里，口碑是非常重要的。农民的消费心理主要依赖于看面子、认熟人的模式，这是农村消费的主要现象。

随着移动互联网在农村的高度渗透，农村网购市场规模正裂变式地增长，"中国农民"已经发生质变，进而拥有了"新消费需求"，驱动着"消费升级主张"。所以，在农村社群的基础上，巩固好社群的粉丝数量，然后用商品销售的方式变现。毕竟农民本身也是农产品的最大消费群体。

除了商品变现，在拥有粉丝之后，广告推广是最直接的收益来源，不过不能过于频繁也不能太过直白地进行广告投放，毕竟粉丝群不是自己建立和掌控的。

四是通过信息员和信息官推动新零售。在网络乡村的战略布局中，在全国每个自然村选举"信息员"，也就是乡村的意见领袖。这些"活跃分子"将担任村民社群的群主，收集群众的意见。

此外，从农村流通的特性出发，通过"信息官"，打造农村物流最后一环，集展示、销售、客服、售后、仓储、配送、推广、收集产品信息于一体。"信息官"的前身是来自本地的"货郎"，其本身具有流动性、分散性、本地性、商业性、年轻性等特点。货郎加入平台，平台不改变"信息官"原有的交易分成，不增加投入和工作量，并且大大提高货郎的市场半径，获得更多的持续性分利。

可以说，中国一半以上的人生活在农村，中国有大量的服务和商品是由农村来提供，这也是为什么在好几年前，那些网络巨头就已经开始布局农村。以某公司为例，早就旗帜鲜明地指出全球化、农村战略、大数据和云计算是三大战略。根据其经济发展数据，该平台有超过100万的网店来自农村市场。收入超过1000万元的淘宝村，在中国有2000多个，这是一个非常有前景的发展路线。

第八节 乡村+生态——打造生态农业循环基地

发展生态循环农业已经上升为国家战略，是新时期乡村绿色发展的重要举措之一。在乡村振兴中，如何着力于资源节约和环境友好并重是值得探讨的命题，而发展生态循环农业是一条切实可行的道路。

一、生态循环农业的发展现状及策略

生态循环农业也被称为生态农业，是严格遵守经济学原理和生态原理，并且结合现代科学技术取得的相关成果以及现代化农业管理方式，在传统农业正确经验的基础上建立起来的，可以更好地提高农业生态效益、经济效益以及社会效益的现代化农业治理手段。随着社会的进步，生态环境已经成为全人类共同关注的问题，为了更好地保证农产品健康、生态环境和谐，就需要加强生态农业的研究和应用。发展生态循环农业、强化食品安全已上升至国家战略，推进农业绿色发展成为我国当前乃至更长时期的一项重点任务。

但是我国在生态循环农业的发展当中，出现了以下问题：

首先是没有过多的资源投入。为了保证生态循环农业技术能够充分发挥作用，就需要在前期大量投入资金支持，以便开发更好的技术和购买更加先进的设备。但是目前我国农村普遍的问题是资金短缺，阻碍了生态循环农业的发展。因为这方面的投资是长期的，短期内很难见到效果，很多社会资本就不愿意冒这个风险来长期注入资本。

但是，生态循环农业是一个长期获利的过程，其优势就在于能够促进我国农业的可持续发展，改善生态环境，是有利于子孙后代的事情。如果我们看不到长远的好处，就不能发动社会的力量来支持发展，也就不能组建起相关的科研机构，将减缓我国生态农业的发展。

其次是农民受到传统种植观念的制约。受到我国传统种植观念的影响，我国大部分农民在进行农业种植过程中，偏向于使用传统的种植技术，这种行为极大地影响了生态循环农业在我国的推广。

就拿使用农药来说，目前我国市场上早已推出许多低毒无害的农药和绿色防治技术，但是因为受到自身种植习惯的影响，很多农民还是会选择大量高毒农药进行病虫害防治，最终的结果是农产品的品质没有保证。

农民既是农产品的生产者，也是农产品的食用者。作为生产者而言，农民需要使用各种种植方式来提高农产品的产量，但作为食用者来说，我国一部分农民并不会食用销售类型的农产品。根据目前我国农民普遍的经济情况来说，在面临经济选择和食品安全选择时，可能大部分农民都会选择经济效益而忽视食品安全，这就导致我国大部分农民思想觉悟无法得到提升。

再次是生态农业技术的推广受到阻碍。因为生态循环农业的推广具有一定的公共属性，主要依靠政府相关部门的大力推广和支持，农民本身没有这方面的意识，也很难有动力亲身参与。特别是我国农村的情况主要以散户居多，不利于生态农业技术的推广，做不到大规模的普及。其中涉及的资金投入、技术投入和设备投入，都需要各部门的密切配合。如果没有足够的信心和决心，没有足够的资金和人力，是很难持续发展下去的。

针对我国生态循环农业的发展现状，增加资金投入是必需的。我们可以通过多种渠道来筹集资金，除了政府加大投资力度，另一个重要的抓手就是提升农村的金融服务水平：增加农村信贷投入，保证银行业金融机构的涉农贷款持续增加，完善涉农贷款税收激励政策，健全金融机构县域金融服务考核评价办法，引导县域银行业金融机构强化农村信贷服务。同时，要鼓励民间资金向农村注入，更好地保证我国生态农业推广和发展。

此外，还要通过宣传和鼓励的方式，加强农村公益技术推广活动，向农民宣传生态循环农业的长期优势和好处，用直观简单的方式，激励农民采取科学的种植方法。

最后，合理完善的农村土地政策可以更好地发展生态循环农业，同时也可以有效解决农民按照传统种植习惯进行种植的问题，促进农民实际应用生态循环的农业技术。

二、案例：浙江衢江区"三型"生态循环农业的奥秘

浙江省在生态循环农业方面的探索起步较早。衢州市衢江区作为浙江省较早从全区战略高度发展生态循环农业、较早推进农业供给侧结构性改革、较早实现全域农产品都安全放心、较早将生态环境优势转化为生态农业优势的农业大区，其有益探索正在浙江省逐渐推广。其"三型"生态循环农业模式，也为全国其他地方发展生态农业提供了很好的参考。

一是立足污染减量化，打造"清洁型"生态循环农业。首先是严格生猪减量控量。统筹制定区域内畜禽生态养殖总体规划，迅速展开多轮生猪整规攻坚战。其次是加强农业废弃物无害化处理。建立农药废弃包装物回收处理中心，配套专用运输车辆等设备，回收处置废弃农药包装，解决白色污染，该区因此被确定为全省农药废弃包装物回收处置试点县（区）。最后是推广使用生态有机肥绿色农药。出台《衢江区补助商品有机肥推广应用资金实施方案》，在全区落实补贴政策工作，加快有机肥的推广和施用，严

禁使用国家明令禁止的高毒高残留农药，推广应用高效、低毒、低残留农药以及绿色防控技术。

二是立足产业多元化，打造"休闲型"生态循环农业。依托农业大区资源，积极探索发挥青山绿水的生态优势新路径，围绕"三区一带一中心"的生态旅游农业布局，积极培育水果、油用牡丹、中草药等特色产业的集群集聚发展，发展"休闲型"生态农业。其次将放心农业、农家乐、民俗文化开发利用统筹起来，促成普利兹克建筑奖获得者王澍、台湾制陶大师徐瑞鸿等一批名人"联姻"休闲旅游项目，谋划衢南山水休闲旅游区、中国（浙江）宋瓷文化艺术集聚区、全旺休闲农业旅游区等一批总投资10亿元以上重大项目。还要注重多元营销，优化农业产业转型环境。依托九九玫瑰园、老爸果园等43个各具特色的休闲观光农业点，举办玫瑰节、蔬果采摘节、"快乐农家"擂台赛等节事活动，创新家庭农场免费直通车、网络直销等营销手段，让游客充分体验农业休闲游魅力，成功实现休闲采摘、旅游观光等多业态经营，打响旅游品牌，带动农村第三产业的快速发展。

三是立足农业科技化，打造"高效型"生态循环农业。深入实施基层农技体系建设与改革示范县项目，逐步建立以各级农技推广单位为架构的生态循环农业科技创新服务体系，构建"专家组+技术指导员+科技示范户+辐射带动户"的科技成果转化应用快捷通道，有效解决农技推广最后"一公里"问题。目前，衢江区还与浙江省农科院、上海市农科院、江苏省农科院进行农业科技合作，浙沪苏农科院在衢江区建立"浙沪苏农科院专家工作站"和"浙沪苏农科院衢江培训中心"，提供科技成果与信息、技术指导与合作、人员培训与交流等服务。狠抓农业科技示范园区、标准化产业基地、龙头企业和农民专业合作社等农业科技载体建设，形成区有科技示范区、乡（镇）有科技示范园、村有科技示范基地的生态循环农业科技示范推广格局。衢江区还重点应用水稻轻简化栽培、测土配方施肥、病虫害统防统治等一大批新技术,高标准建设水生蔬菜示范园、蔬菜新品种示范园、食用菌示范园、精品蜜橘示范园等,辐射带动基地发展。突出技术集成转化、科技创新、示范和带动能力,推动生态循环农业产业结构调整,从而促进特色产业规模发展。

第七章 乡村振兴先锋榜

第一节　浙江安吉：吃透生态红利

浙江安吉是全国率先提出建设美丽乡村的县，也很好地践行了"绿水青山就是金山银山"的理念，开启了在保护中发展、在发展中保护的全新路径，实现了生态良好、生产发展、生活富裕的目标，成为绿色发展的生动实践，也成为乡村振兴的典范。

2017年，安吉提出建设中国最美县域，打造美丽乡村升级版，建设体系再完善，标准再提档，水平再提升。在全域规划上，调整完善生态人居、生态城市、生态文化等6个专项规划，形成从指标到空间、从用地到景观整体衔接的美丽乡村、生态文明建设工作规划体系。同时，创新体制机制，建立农业农村、建设、文化等部门与乡镇联合办公、一线办公机制，统筹投向农村的各级各类政府资源和社会资本，为全域打造大花园、多村联创大景区创造了机会。

一、统一规划，长效管理

浙江安吉的美丽乡村建设，是从十几年前就开始统一布局和规划的。安吉以美丽乡村建设为载体，将187个村庄作为一盘棋统一规划，开展环境整治。经过十几年的实践，农村污水处理、清洁能源利用、生活垃圾无害化处理等13项治理措施都实现了全覆盖。

比如在灵峰街道大竹园村，多年来，无论基础设施建设还是规划建新村，村里都坚持大树不砍、河塘不填、农房依地形分布。

从 2009 年起，安吉就给农村的卫生保洁、园林绿化等 36 项事务拟定了统一的标准，并且进行长效管理，为此还专门成立了风貌管控办公室，将村里的一草一木、一山一水都放在政策的监管和保护之下。正是这一先锋行动，使得安吉美丽乡村的建设办法于 2015 年被写入国家标准。

在长效管理方面，安吉践行的是城乡并进的策略。截至 2020 年 5 月，安吉有九成以上的村庄引入物业管理，并且将风貌管理的 36 项标准扩展到了 45 项。以天荒坪镇大溪村为例，针对村里的污水设施建设、养护和绿化、工程管理等精细化的管理要求，村里将违法建筑监督、公共设施管理等都交给了物业管理公司，实现了和谐运营、长效管理的目标。

二、深挖生态资源优势，推动"一村一品，一村一业"策略

在不断改善人居环境的同时，美丽经济成为安吉乡村发展的一条主脉络。按照宜工则工、宜农则农、宜游则游、宜居则居、宜文则文的原则，安吉充分挖掘生态、区位、资源等优势，为 187 个村庄设计了"一村一品，一村一业"的发展方案，着力培育特色经济。

在安吉，有很多依靠自身资源致富的村落。比如茶产业是溪龙乡黄杜村的主要收入来源，该村拥有 4 万余亩白茶，这里不仅白茶的品质极高，村里还花大力气保护生态，环境山清水秀，对山水格外爱惜。

竹子产业也是安吉的骄傲，已经开发出一套融合了一二三产业的生态经济形态。近年来，通过科技创新、产业融合，安吉的竹产品种类从毛竹、竹笋、凉席发展到地板、家具、饮料等 7 大系列 3000 多个品种，带动全县农民人均增收 7800 元。

同时，竹海之间，乡村旅游、养生养老、运动健康、文化创意等各类业态不断涌现，吸引了上海、杭州等地游客蜂拥而至。早在 2017 年底，安吉县的农民年人均纯收入近 2.8 万元，村均集体经营性收入已经突破 100

万元。

因为美丽乡村的建设，生态经济逐渐向良性循环发展。这些年，安吉吸引了大量的外地人才到安吉创业就业，曾经外出打工或者求学的安吉人也有一部分回到家乡，在家乡发展。这些正向的吸引不仅满足了安吉的人才发展需要，也吸引了很多社会资本的投入。到2019年底，安吉有29个美丽乡村精品示范村，吸引工商资本达到115亿元。

三、启动"生态日"，倡导绿色生活方式

早在2004年，安吉就启动了全国第一个"生态日"，如今这已经成为安吉的一项重要活动。每年的"生态日"，安吉所有村庄都会开展各式各样的活动。通过各种讲座普及生态知识，通过服装展示让青少年参与到废弃物制造环保服装的行列，增强大家的环保意识。还有10万名群众巡查河道，大家共同监管共同守护环境，形成绿色的生活方式。

这些年，从倡导节水节电节材、垃圾分类投放等日常行为入手，安吉逐步构建起生活方式绿色化宣传联动机制，设立县、乡、村三级"两山"讲习所。随着绿色出行、绿色消费等环保公益行动相继开展，绿色家庭、健康家庭等创建活动深入推进，绿色生活蔚然成风。

随着生态乡村的建设，村民们已经习惯了绿色生活，这也间接推动了乡村的乡风文明和乡村自治善治。比如，孝丰镇城东社区徐家岭自然村取消了早晚两次的物业保洁，公共垃圾桶也消失了，代之以定点投放、定时收集、资源化处理的操作方式，让村里的垃圾不落地。目前，安吉已有超过60%的村庄实现了垃圾不落地。

四、村党支部书记是关键节点

乡村振兴是一项系统工程，过程非常复杂，这就需要有一个强大的组织，来有序推进乡村振兴的发展。从安吉的经验来看，村党支部书记成为

整个乡村振兴战略中承上启下的关键节点,不仅村民要依靠村党支部书记来组织,上级党委和政府的策略也需要村党支部书记来执行和落实。

那么多村党支部书记,应该怎样让他们知道该做什么,又该怎么做呢?

首先制定一套统一的标准。告诉村干部美丽乡村建设应该做什么内容,这套标准内容涵盖非常广泛。而美丽乡村的很多标准和乡村振兴都是契合的。村书记只要拿标准去对,就知道哪些是短板,什么地方可以做大发扬。这就是安吉所说的"一套标准管到底"。

其次是建立一套统一的规则。在乡村建设中,要有一系列的评价,这些评价一定要做到公平公正。只要哪个乡村做出了成绩,就要给予相应的荣誉和评价,该有的奖补资金一分也不能少。每个乡村都公平对待,一碗水端平。

最后是让先进的一批带领其他村党支部书记。先选择一批真想做事情、能做事情而且老百姓真心拥护的、德才兼备的书记,让他们带头做,做出样板。在这个过程中,让部门的其他领导都来支持他们。

身边的样板有了,再找一批来复制。如果遇到能力不够的情况,就招来一批懂经济的、会管理的、有思想的人才,由乡镇党委、政府重点把他们引到村两委班子里面去,特别是村书记的岗位上。

对于既没有形成样板,也没有引进其他人才的乡村,就安排村党支部书记到样板村学习交流,甚至到县外的其他样板村去学习。总之,政府会提供各种途径,把积极主动的村党支部书记拉去考察培训,培养出一批真正干事业的人才。

第二节　江苏昆山计家墩的"乌托邦"
——文旅视角下的微度假模式

乡村振兴战略的实施，为我国乡村的旅游业提供了重大发展机遇。特别是 2021 年我国疫情防控形势有所好转以后，国内的旅游业正在复苏。根据游客出行的大数据来看，很多居民都从长距离出游，逐渐转移到周边的城市休闲、乡村度假游。这说明大城市周边的"微度假"游模式正在成为城市里人们的一种休闲和放松方式。

江苏昆山计家墩就是一个由曾经的空心村，华丽转身成一个微度假模式的理想村。计家墩理想村强调的是一种基于乡村的理想的生活方式，将艺术家、企业家、学者和当地村民等聚合在一起，共同享受岁月静好的生活，将中国传统的邻里关系变得更加美好。

一、乡伴模式打造小而精的微度假产品

这些年，微度假的概念比较热，其实它就是亲子游、周末游、自驾游时代的产物。微度假的主要客户面向的是"80 后"和"90 后"有房、有车、有闲的"三有"青年，其中至少有一半是 30—40 岁的中产阶级家庭。

这些家庭已经形成了自己的生活方式，他们一般以大都市为中心，以自驾游为主要出行方式，利用周末或者小长假的休息时间，寻找城市周边一到两小时车程的乡村目的地，主要是为了方便快捷，容易到达，而且能够高频次出行。这些目的地通常环境优美、放松形式灵活多样，活动也更加自由,度假者得以在周末时光中体验生活本身的乐趣。

通常来讲,微度假产品都具有"小轻新"的特点。首先是占地小,尺度小、近距离、微景观是微度假目的地的发展优势。微度假的目的地形态很迷你,不需要占用大量的建设用地,通常占地几十亩,强调主题概念、景观创意、体验特色、产品创新等度假元素的多元有机组合,不浪费珍贵的土地资源,具有资源节约、生态友好的特性。其次是投资小,不需要重投入,区别于传统大型的景区、设施或大型游乐公园。建设投资少,成本可控,还可根据市场需求及时作出更新调整,保持持续的竞争力。还有就是创意新,微度假产品需要"小而精",更新奇的住宿产品、更别致的景观构造、更特色的文化体验是文旅项目必须掌握的自我迭代能力。有颜值、有创意、有故事才是微度假项目唯一的立命之本,才能让目的地拥有核心吸引物,成为吸引客群的打卡点和复游点。

计家墩就是基于微度假的特点和优势,结合自身特点,形成的一种乡伴模式的微度假旅游产品。在计家墩,为了精准聚焦家庭亲子游的客户群体,他们打造了一批小而精的度假产品。比如一个亲子主题的小型综合体"绿乐园"(休闲体验)可以由53000平方米的室外游乐场、1300平方米的亲子文化中心及15000平方米的亲子主题民宿组成,内容包括非动力儿童游戏场、绿乐园自然学堂、主题餐饮、文创零售及亲子民宿等业态。

再比如,一个亲子主题的民宿度假集群(田园民宿)——原舍阅水、大乐之野、不如闲居、呆不住、无象归原、溪地清舍、原舍plus。

此外,还有一批小型休闲体验场所(休闲体验)和迷你公共空间(文化商业)——手作体验的爿木工坊和陶庐、手工造船的船艇工作室、皮划艇俱乐部、哈雷俱乐部。公共空间有绿色美味的飨茶餐和文艺咖啡馆等。以及针对度假人群的休闲农业和生态农业配套(有机农业)——种植养殖绿色健康食品的清自然农场。

这些度假产品，形成了计家墩一种理想而文艺的"乌托邦"式的生活方式。

二、计家墩的"1+X"业态模型

计家墩位于江苏昆山锦溪古镇南首，全村由两个自然村合并组成。计家墩并不属于传统意义上的古村落，村子是20世纪八九十年代建造的，建筑本身也没什么特色，没有什么资源禀赋，空心化严重，面临搬迁。

但是计家墩有交通和区位优势。计家墩在上海与苏州之间，基本都在1个半小时车程之内，正好分享中国最顶尖的两大城市3000多万消费人口的红利。此外，计家墩村正好位于江南两大著名水乡——周庄和锦溪之间。因此，这一带的江南水乡，已经构成了一个庞大的旅游度假的市场群体，充满了浓郁的度假、观光和文创氛围。

在政府和专业团队双方合作的模式下，计家墩采取轻资产村舍租赁的开发方式，以计家墩新乡村生活示范村为核心区，将整村分为七大板块，包括乡村产业引导展示区（砖窑遗址）、观光农业示范区主题生态公园（东方荡湿地公园）、住宅区（岛尚）、张南特色村及生态农业示范区等。形成了民宿、餐饮、茶室、村民公社、书院、市集、工坊、亲子乐园、俱乐部等新型业态，逐渐打造出一个"1+X"的业态模型，不仅保留了计家墩的传统文化，还传递了一种新的美学价值观，挖掘出乡村的多元化价值，也凸显出计家墩的差异化优势。

"1"即以民宿业态为带动引擎，整合文化商业、主题餐饮、休闲体验、有机农业等多元文旅休闲业态而形成的文旅业态集群。规划通过资源梳理、文创策划、业态引入、主题经营等方式，打造计家墩乡村休闲综合体。

"X"为乡村文旅发展的特色主题方向，如自然教育、艺术展演、会展培训等。希望以"1+X"业态模型为起点，探索片区乡村资源整合、乡村文旅业态开发的新路径，建设民宿精品酒店业态、乡村微民宿长租乡居业态、餐饮等公共类业态、文创店等零售类业态、皮划艇等休闲类业态，打造多元互动的乡村文旅目的地和田园生活示范区，整合乡村资源，积极发展乡村文旅业态。这样做，一方面可以满足都市游客对"田园慢生活"的新追求，为乡村游增加新项目。另一方面可以吸引城市智力和资本，有力带动乡村发展，激发乡村活力，实现乡村的自我增值。

当然，这一"1+X"业态模型，是立足于政府行政村的总体规划基础上的。首先是立足于水乡的生态保护，在理想村的模式下，引入民宿、文创等多元的特色文旅业态。然后结合这些特色的业态，整体提升乡居的综合环境，在建设层面实现硬件更新。其次是在整体规划中，通过"大众筹"等方式，促使新时代城里人才的下乡运动，推动社群层面的软件提升。而乡伴平台的全程介入，则保证了硬件建设和软件营造的无缝对接，将计家墩打造成全国第一个乡村生活共创集群。

总体来讲，计家墩的"理想村"走出了一条探索乡村集体资产的整合再利用的创新之路，其优美的水乡田园风貌、植入的丰富的文旅业态和相应产生的"1+X"的业态整合模型，对同类整村文旅开发具有一定的指导意义。

第三节 宁波余姚市鹿亭乡中村数字乡村案例

数字乡村是伴随网络化、信息化和数字化在农业农村经济社会发展中的应用,以及农民现代信息技能的提高而内生的农业农村现代化发展和转型进程,既是乡村振兴的战略方向,也是建设数字中国的重要内容。

2021年2月21日,《中共中央 国务院关于全面推进乡村振兴加快农业农村现代化的意见》提出,要实施数字乡村建设发展工程。党的十八大以来,中央高度重视农村信息化建设,作为重要抓手的数字乡村建设正在整体带动和提升农业农村现代化发展,为乡村经济社会发展提供了强大的动力,并成为数字中国和乡村振兴战略实施的重要结合点。

近年来,中村村紧跟数字化发展浪潮,转变发展观念,发挥自身比较优势,以数字乡村建设助推产业提质、治理创新、民生服务高质量发展,一跃成为"网红村"。其中,鹿亭乡作为数字乡村建设"排头兵"之一,早在2017年就积极探索数字乡村治理模型,并于2020年入选全国12个乡村振兴村级典型案例。

一、电商赋能,让山货出山

2018年,为了解决农民的农产品销售不出去,增收遇到天花板的问题,鹿亭乡在中村村创新搭建了村级服务社,构建了为农服务"一站式"平台——鹿亭乡"农合联"中村服务社。余姚市"农合联"打造的"美丽四明山"智慧农旅综合服务平台,在推进农特产品销售方面发挥了积极的作用。

经过初期的不理解之后，通过一番宣传，农民们逐渐认识到"农合联"的好处，开始主动把加工好的番薯粉丝、番薯淀粉、番薯枣子放在"农合联"售卖。通过这个平台，农民们的产品走出了余姚，业务拓展到全国。像番薯粉单斤的价格，也从以往的20—25元每斤，涨到了每斤50元左右。

数字乡村的建设，还帮助了更多的"山货"出山。"农合联"中村服务社不仅出售番薯制品，还有中村村出产的其他农特产品，比如笋干、土鸡、鸡蛋、有机大米等。为了方便消费者购买，村里引进顺丰快递公司，消费者一键下单，快递公司现场取货，真正实现了山货进城。

对于年纪较大、不适应网络的村民，"农合联"还推出快递寄送、小额存取款、保险购买、农副产品展销、农资农技服务、汽车火车票预订、专家门诊预约、日用百货网购等一站式网络服务，打通服务群众"最后一公里"。

在鹿亭，不会使用网络的老年人也能享受数字化发展带来的红利。针对老人的生活所需，该乡还推出了"智慧门禁"设备安装项目和远程视频诊疗平台。据悉，"智慧门禁"可以通过红外智能感应技术，实时了解老人的外出情况。除了24小时未出门的预警信息外，还有出门即推送信息这一报告模式供老人家属选择。预警信息还将推送至网格长手机，全面确保老人安全。远程视频诊疗平台以乡卫生院为媒介，由市、乡两级医生对病人就诊过程中遇到的疑难杂症进行实时远程会诊，实现城乡医疗一体融合。

此外，鹿亭乡还采用了直播卖货等新营销形式，获得了村民的认可。比如，有600多万粉丝的抖音网红房琪kiki在中村录播番薯粉丝，得到17.4万点赞、6000个评论。《至味人间·鹿亭番薯粉丝》宣传片更是登上"学习强国"的平台。

二、采用"一张网"和"四屏联动"，提升乡村精细治理

2016年12月，鹿亭乡党委、政府建立了乡综合信息指挥平台，将12

个建制村，按区域划分成46个网格，每个网格配备一名网格长，实现一格一长，同时开通覆盖所有网格长、网格管理员、综合信息指挥室工作人员、各职能办主任的"E宁波"手机终端80个，配齐移动设备80部。每名网格长通过移动终端实时上报巡查记录，做到第一时间发现各类信息、第一时间稳妥处理不稳定因素、第一时间回应民生诉求。

除了融入基层社会治理"一张网"建设，中村村还通过"四屏联动"，即通过电视屏、电脑屏、触摸屏、手机屏，将涉及党务、村务、"三资"、便民服务、权力清单5大类95个事项定期或即时公开。

如果说"一张网"是管人，那么"四屏联动"则是晒权，将党务、村务、"三资"、便民服务、权力清单5大类事项公开，自觉接受全社会监督。

这些年，中中村的网络建设越来越完善，宽带通信网、移动互联网、数字电视网通到每家每户，全面实施信息进村入户工程，加快乡村基础设施数字化转型，为"四屏联动"构建起了扎实的网络基础。

2020年，鹿亭乡又尝试通过微信公众号、微信群等线上载体，对在外村民进行村级信息公开。如龙溪村通过"秘境龙溪"微信公众号建立"龙溪微门户"，在外村民可通过该模块查看村里的最新动态，了解"三资"使用、智慧党建等情况。

借力大数据，消弭城乡"鸿沟"，乡村发展观念也在不断转变。中村村的"数字乡村"建设经验说明，政府、社会力量、基层组织、村民等多方主体共同参与，打造共建、共享、共赢的分工协作机制，更能促进乡村经济社会的持续发展。

三、利用数字化，拓展智慧旅游

鹿亭乡地处四明山腹地，山清水秀，森林覆盖率高达85%。同时，鹿亭乡的文化底蕴深厚，白云桥、狮峰岩观景台等是远近闻名的景点，陆龟蒙、皮日休、黄宗羲等文人雅士都曾留下相关的诗篇佳作。

亲近自然的乡村旅游正在兴起，拥有优势资源的鹿亭乡也顺势而为，搞起了旅游业。不同的是，鹿亭乡的做法更加接地气，有新鲜感，有朝气，这都是吃了互联网的红利。

2017年3月，鹿亭乡引入原舍树蛙部落民宿项目，这是国内第一个众筹"网红"民宿，上线仅4小时，众筹额就突破1000万元。2018年4月，树蛙部落一开业，全年客房订单爆满。树蛙部落的"爆红"带动了鹿亭民宿业的蓬勃发展。截至目前，鹿亭乡已有浙江省白金宿1家，银宿1家，各类特色民宿20余家。

而要实现更有效的旅游宣传计划，吸引更多的游客前来，基础设施建设是必不可少的，这也是决定鹿亭乡能否长远发展的关键一步。早在2014年，鹿亭乡就加快推进网络进村入户的计划，如今已实现百兆光纤宽带全覆盖。正是这些数字化手段，实现了虚拟旅游VR全景导览系统、白鹿云上观景24小时直播，可让游客未到鹿亭先饱眼福。白鹿云海指数每日在"余姚天气"公众号上发布。

此外，中村村还实施了智慧旅游项目，景区语音导览、AI人工智能停车场管理系统、数字智慧视频监控系统等，都陆续在这几年投入使用。

2018年，鹿亭乡成功创建宁波市乡村全域旅游示范区，2020年获评浙江省4A级景区镇。目前，全乡12个行政村全部创建为省级景区村庄，其中AAA级3个、AA级6个、A级3个，在全市率先实现景区村庄全覆盖。

可以说，乡村的美丽蝶变正伴随着数字世界迎面而来，就看我们能不能抓住机会，从中获得蜕变的能量。数字乡村作为乡村振兴的重要抓手，正在颠覆性地改变农村产业结构和农民的生活方式。鹿亭乡正是因为紧跟时代步伐，结合自身的资源优势，在数字化的推波助澜下，走出了一条产业提质、治理创新、提升民生的光明大道。

第八章
逐百年中国梦,乡村振兴任重道远

第一节 我国乡村振兴面临的现状和困难

2020年以来,从中央到地方,全国上下集中资源、强化保障、精准施策,加快补齐"三农"领域短板,乡村振兴取得了积极的进展,为经济社会发展大局发挥了重要的压舱石作用。尽管受到疫情影响,但是乡村振兴仍然打了漂亮的一仗。

一、乡村振兴成果可观

美丽乡村建设,直接提升了农民的获得感和幸福感。

虽然受到新冠肺炎疫情的影响,但我国依然加大了农业基础设施的持续投入。截至目前,乡村振兴在农村基础设施方面都迈向了更高质量的发展,为实现全年经济社会发展的目标任务提供了有力的支撑。

首先是中央财政投入104亿元,加强农村厕所粪污无害化处理,加快推进农村人居环境整治,增强农民卫生健康意识,有效阻断了疫情在农村地区的传播。此外,农村饮水安全巩固提升工程,在全面解决现行标准贫困人口饮水安全问题的同时,让八成以上农村人口喝上了自来水。

其次是中央投入50亿元,实施农产品仓储保鲜冷链物流设施建设,1.4万个新改建设施大大缓解了农产品卖出难的问题,减少了流通损耗。

最后是帮助返乡农民拓展了就业和增收渠道。2020年以来,受到新冠肺炎疫情的影响,近3000万农民工被迫留乡或再次返乡。对此,习近平总书记提出了"引导返乡农民工就近就业"的要求,中央和地方加快发展乡村产业，鼓励农民创业创新，拓展农民就业空间和增收渠道。

中央财政投入 50 亿元，支持建设 50 个优势特色产业集群；累计投入 90 亿元，建设 811 个农业产业强镇；引导建设 1600 多个农产品加工园；支持建成近 1100 个双创示范园。

这些有力的产业振兴举措，促进了农民就业增收。截至 2020 年 12 月中旬，返乡留乡农民工近八成实现就地就近就业。

根据中国农业大学国家乡村振兴研究院副院长林万龙提供的数据，2020 年我国农民的人均可支配收入，一季度的时候受疫情影响，是负的 4.7%，上半年由于各种措施的影响，缩减成负的 1%，而前三季度从年底的数据来看，实际增长是正的 1.6%，比我国 GDP 的增速快了 0.9 个百分点，比城镇的人均可支配收入快了 1.9 个百分点。

值得一提的是，在乡村振兴战略引领下，乡村产业正在跳出传统农业，产业链向纵向延伸，衍生出一大批二三产业：农业与文化、康养等重组，形成"农业+"态势，由此催生体验农业、智慧农业等新业态、新模式。

在四川的朝天，乡村旅游结合生态康养，传统农家乐提档升级；在江苏南京的农业高新技术产业示范区，新鲜果蔬就地加工，农产品不出产地，进入中央厨房卖到全国；在吉林市宇丰米业农民专业合作社，水稻生产推出会员定制，身价翻了一番。

总体来看，自 2020 年以来，我国初步构建起实施乡村振兴战略的"四梁八柱"，农村经济总体经受住了考验，保持平稳运行，稳中向好。脱贫攻坚战取得令全世界刮目相看的重大胜利，现行标准下农村贫困人口全部脱贫，贫困县全部摘帽。农民收入继续保持了增长势头，有望再创历史新高。农村改革稳步推进，20 个县作为试点，为第二轮土地承包到期后再延长 30 年探索经验。

在中央政策的扶持下，一度跌入低谷的生猪产能，目前已恢复至正常年份的九成。长江水域渔船渔民退捕任务基本完成，将实行10年禁渔期，生态保护力度前所未有。

伴随着乡村振兴战略的全面实施，中国乡村将开启走向农业农村现代化的新征程。2021年，我国按照全面推进乡村振兴的要求，坚持农业现代化和农村现代化一体设计、一并推进，大力实施乡村建设行动，同时巩固拓展脱贫攻坚成果同乡村振兴能够有效衔接，进而加快农业农村现代化步伐。

二、乡村振兴仍面临五大困难

在城镇化进程中，乡村振兴是解决乡村经济发展的根本途径，是促进城乡协调发展的必然需求。但是，我国的乡村发展也面临着许多问题，比如农业发展乏力、城乡二元化差距明显、环境问题突出、老龄化空心化严重、人才储备和资金不足等。具体来讲，主要体现在以下五个方面：

一是农业产业整体发展质量不高。很多乡村企业的科技创新能力不强，尤其是农产品的加工，无论创新能力还是工艺水平，都落后于发达国家。产品的供给也以大路货为主，优质的农产品产出很低，还出现了同质化现象，缺乏精准化、小众类、有个性的产品和服务，品牌溢价自然就没有那么高。而且，普遍现象是乡村产业的聚集度较低，全国仅有不到30%的乡村产业集中在各类园区。

由于乡村产业稳定的资金投入机制尚未建立，金融服务仍明显不足，土地出让金用于农业农村比例偏低。农村资源变资产的渠道尚未打通，阻碍了金融资本和社会资本进入乡村产业。农村土地空闲、低效、粗放利用和新产业新业态发展用地供给不足并存。农村人才缺乏，科技、经营等各类人才服务乡村产业的激励保障机制尚不健全。

农业产业的发展不足还体现在产业链仍然没有延长。第一产业向后延伸不充分，多以供应原料为主，从产地到餐桌的链条不健全。第二产业向两边连接不够紧密，农产品精深加工不足，副产物综合利用程度低，农产品加工转化率仅为65%，比发达国家低20个百分点。而第三产业发育不足，农村生产生活服务能力不强。产业融合层次低，乡村价值功能开发不充分，农户和企业间的利益联结还不紧密。

再加上农村供水、供电、供气、道路、网络通信等基础设施都很薄弱，很多设施没有实现全覆盖，导致农村产业发展的环境保护条件和能力都相对较弱，工业"三废"和城市生活垃圾等污染扩散问题仍然突出。

二是农民增收难，我们仍然需要加大力气缩小城乡收入差距。这几年来，我国农业生产对农民增收的贡献在逐渐下滑，农民收入的增加主要依靠农业产业以外的国家财政转移支付以及第二、第三产业的支撑。虽然农民的财产净收入增加了，但是占比却很低，城乡居民的净收入差距逐渐拉大，这已经是不可回避的关键问题之一。

三是农村资金相对短缺，对农村的投入资金不足，这也导致城乡在基本公共服务方面很难实现均等化。城市和乡村在用水、燃气、生活废水处理和生活垃圾处理等问题上，都存在很大的差距。在医疗卫生和最低生活保障方面，城市和农村也存在着明显的差别。比如，乡村的公共服务资金投入非常欠缺。

四是农村的生态环境遭受破坏。改革开放以来，在追求快速经济发展的风潮之下，我国乡村经济虽然走上了快轨道，但多数是依靠粗放的消耗资源的代价换来的，因为环境保护意识的薄弱，不仅资源开发过度，而且在化肥、农药的使用方面也居高不下，这些行为都导致农村空气、土壤和水受到一定的污染。

五是人才问题。农村人才紧缺,远远无法适应乡村振兴和农业农村现代化的需求,提升农民素质和科学文化水平是重点。随着城镇化建设的推动,一大批有文化、有知识、懂技术、高素质的农村青壮年劳动力大量涌进城市,农村人口的年龄构成、科学文化水平和素养无法满足乡村振兴和农业农村现代化的需求。

第二节　对我国乡村振兴发展的几点建议

2021年是"三农"工作的重心发生历史性转移的一年，因为这一年我国已取得脱贫攻坚的胜利，开始实施乡村振兴战略。民族复兴，乡村必振兴。可以说，乡村振兴承载着民族复兴、实现中国梦的美好愿望。

目前，我国脱贫攻坚战已经取得全面的胜利，下一步就是将脱贫攻坚成果和乡村振兴进行有效衔接，在5年过渡期内，一方面巩固脱贫地区的成果，另一方面要推进农业农村改革，抓好产业升级，激发农村发展的内生动力。总体来看，乡村振兴需要从以下四个方面发力：

一、通过5年过渡期稳固农民的主体地位

脱贫攻坚目标任务完成后，从2021年开始，对摆脱贫困的县，从脱贫之日起设立5年过渡期，过渡期内保持现有主要帮扶政策总体稳定。

首先，在脱贫攻坚期，我们采取了一些超常规操作，才使贫困家庭的"两不愁三保障"的目标得到稳定实现。但是这个成果还不稳固，如果在这个时间点急于脱贫摘帽，立刻减少对脱贫地区的帮扶资源和帮扶力量的投入，很可能引起大规模返贫现象，导致断崖效应。所以，一定要在5年这个政策过渡期内，继续保持脱贫攻坚的帮扶政策，以便巩固之前的成果，从而进一步发展。

其次，过渡期可以为乡村振兴开好局、起好步。乡村振兴的目标是实现农业农村现代化，惠及所有农村人口，这便决定了乡村振兴阶段的政策

举措将是普惠性、长期性、可持续性的。在过渡期内,要对脱贫攻坚阶段的帮扶政策逐项分类优化调整,逐步实现由集中资源支持脱贫攻坚向全面推进乡村振兴平稳过渡,不仅可以实现对脱贫攻坚成果的全方位拓展,还可以为已脱贫地区理清乡村振兴的发展思路,因地制宜地制定乡村振兴规划,实现脱贫攻坚与乡村振兴的有效衔接。

再次,这5年的过渡期可以为扶贫产业的发展预留好充足的时间。因为目前很多农村的脱贫攻坚成果尚不稳固,已脱贫地区和已脱贫家庭的经济支撑依然很脆弱,需要时间得以稳固。以产业扶贫为例,目前大部分已脱贫地区虽已实现产业全覆盖,但由于本身起步较晚,产业体系还不健全,产品结构同质化严重,滞销卖难问题突出,导致扶贫产业难以健康持续地发展。此外,产业发展周期与脱贫攻坚周期并不一致。目前大部分扶贫产业尚处于培育成长期,整体发展水平相对不高,必须给扶贫产业发展留以时间。

最后,因为脱贫攻坚期间部分农户家庭对主要来自政府的外部帮扶产生了过度依赖,政府在某些情况下扮演了"保姆"的角色。通过5年过渡期,逐步培育和增强农村家庭的自我发展意识和意愿,引导农户由"被动扶"向"主动兴"转变,才有利于真正发挥好农民在乡村振兴中的主体地位。

但是,延续帮扶政策并不代表还使用原有的政策,而是将根据新的阶段、新的形势作出动态调整,合理把握优化调整的节奏、力度和时限,该延续的延续,该优化的优化,该调整的调整,确保政策的连续性,实现两大战略的软衔接。

二、从制度层面发挥产业振兴的关键作用

目前,我国脱贫攻坚战已取得了全面的胜利,区域性整体贫困得到解决，完成了消除绝对贫困的艰巨任务，为全球减贫事业作出了重大贡献。要做好巩固拓展脱贫攻坚成果同乡村振兴有效衔接，对脱贫县从脱贫之日起设立5年过渡期，保持主要帮扶政策总体稳定。

其一，过渡期可以安抚和稳定刚刚脱贫的地区，财政政策等不会立刻取消。其次，对于参加"万企帮万村"等精准扶贫行动的企业，释放出市场稳定的信号，保障产业扶贫和就业扶贫的效果。最后，这一政策也有助于强化责任，坚持和完善东西部协作和对口支援机制。

针对我国在脱贫攻坚阶段出现的问题，比如体制机制衔接不畅，以至于项目重复建设与资源浪费。再加上产业发展升级困难，可持续发展能力不足，导致内生动力激发不够，还存在"等、靠、要"的思想等。为此，我们要探索出一条将脱贫攻坚和乡村振兴相衔接的路，实现二者的关联互动，最终目标是形成高质量、高层次的融合发展和良性衔接。

另外，要调整完善产业帮扶政策，助推县域经济发展升级。深化农业农村改革，激发发展内生动力。

其二，产业发展需要解决土地流转的制度保障问题，要从制度设计上保障土地使用权转让双方的利益，提升经营者的信心，增加对现代农业的投入。生产经营组织形式需要进一步完善，以家庭农场为基本生产单位，以龙头企业为核心成立合作社，连接生产与市场。建设和完善农产品流通渠道，建议对全市现有农产品批发市场进行调整和建设，强化市场功能，让它成为农产品供应的调节器、农产品质量与安全的监管器、农产品价格的稳定器，从制度上和机制上解决农产品质量、标准、安全等方面的问题。而这些问题仅依靠农业管理部门无法解决，需要政府各个职能部门的协同。

三、从整体规划入手，搞好乡村建设

2021年的政府工作报告三次提及"乡村建设"，提出坚持农业农村优

先发展，严守18亿亩耕地红线，实施高标准农田建设工程、黑土地保护工程，确保种源安全，实施乡村建设行动，健全城乡融合发展体制机制。

要搞好乡村建设，首先要做好规划编制工作。目前的村庄规划分为集体提升类村庄、城郊融合型村庄、特色保护类村庄和撤并搬迁型村庄四类，建设重点各有不同。既然主要依靠公共资源进行投资，就一定要做好事前规划，避免浪费。不能过度依赖专业机构，只有培育当地的规划人才，才能满足地区变化中的发展需要。

国土规划是乡村建设中的一个关键性问题。城乡关系的剧烈变动，导致了人口的重新布局，土地资源该如何利用？怎样把人口、土地和资源有效结合起来？2021年中央"一号文件"提出，规范开展城乡建设用地增减挂钩，完善审批实施程序、节余指标调剂及收益分配机制。这一提法表明中央对于乡村建设中的国土规划问题的重视，下一步将会更多照顾到农村的特点和农民的需要，改善农民的生产和生活。

四、让普惠金融推动乡村振兴

在第三章，已经详细讲述了发展普惠金融对于乡村振兴的补血作用，同时它也可以加快构建乡村振兴的数字体系。

首先，应当进一步优化农村地区数字普惠金融环境，加强数字普惠金融基础设施建设，利用联邦学习等数据脱敏技术，提升数据资产隐私保护水平。构建多元化的数字普惠金融服务产品体系，推动数字普惠金融在乡村征信体系中的应用，通过区块链技术完善农村的信用体系，破解长期以来农户与金融机构间由于信息不对称等因素所造成的农业征信差、农户贷款难的问题。

其次，应当推进农村普惠金融产品和服务创新。在整合现有高校、科研院所农村金融研究力量的基础上，成立省一级的专门研究农村普惠金融的智库机构。通过与高等院校共建合作模式，加强对农村金融研究机构人、财、物等方面的支持力度，确保研究机构能够有效地运转和开展可持续的重大研究。同时，加强科学优化农村普惠金融研究机构对农村普惠金融资源的系统研究。

最后，要建立乡村金融服务特派员制度，通过有效的激励机制，鼓励具有普惠金融知识的高校教师、研究人员及金融机构从业人员下乡开展金融知识培训，以提高农民金融素养。同时，通过开展多种形式的金融知识普及活动，帮助更多的农民提高运用金融知识和金融产品的能力，以及金融风险的防范意识。

第三节　未来可期，必将实现的中国梦

习近平总书记说过："现在，大家都在讨论中国梦，我以为，实现中华民族的伟大复兴，就是中华民族近代以来最伟大的梦想。"显然，中国梦的本质内涵，就是实现中华民族的伟大复兴。同时，我们也可以从不同层面、不同角度来解读中国梦。

中国梦既是国家之梦，也是个人之梦；既是长远之梦，也是近期之梦；既是宏大抱负之梦，也是温馨康乐之梦。这说明它具有很大的包容量，具有高度的凝聚力，能调动最广泛的群众参与，能释放出巨大的正能量。

中国是一个农业大国，14亿多人口中有近6亿是农民。因此，要实现中国梦，就要帮助农民实现梦想。当农民生活富裕了，能享受到和城市居民一样的待遇和权利，能和城里人一样享受良好的公共服务和设施的时候，也是农民梦实现的时候，那就离中国梦实现不远了。

一、四步奋斗目标，实现中华民族伟大复兴

在中国古代，中国曾经有几段非常兴盛的历史时期。其中两个重要标识就是疆域版图和当时的文明程度。就拿版图来说，清康熙年间，就将古代中国疆域版图定格为1300多万平方千米。说到文明程度，早在16世纪以前，影响人类生活的重大科技发明约有300项，其中有175项是中国的。正是这些重大的科技发明，使中国的农耕、纺织、冶金、手工制造技术长期处于世界先进水平。直到18世纪末期，中国的经济规模仍然是世界上最

大的。

要实现中华民族的伟大复兴,并不是说要有像过去一样鼎盛时期的疆土,而是在人类文明的贡献率上承担起更多的责任。也就是说,中国应当对人类有较大的贡献,这才是中华民族伟大复兴的意义。

要实现中国梦,可以分为以下四步走的奋斗目标:

第一步奋斗目标,就是党的十八大报告明确宣布的在建党 100 年时全面建成小康社会,这是这几年的历史重任。

第二步奋斗目标,是邓小平从 1987 年 3 月以来一直讲的,到新中国成立 100 年时基本实现现代化,达到中等发达国家水平。党的十八大报告宣布为"建成富强民主文明和谐的社会主义现代化国家"。

第三步奋斗目标,是在本世纪中叶达到中等发达国家水平以后,继续奋斗,接近和达到世界上最发达国家水平。这是毛泽东在 1955 年中国共产党全国代表会议上和 1962 年七千人大会上都讲过的目标。他说:赶上和超过世界上最先进的资本主义国家,没有 100 多年时间我看是不行的。十一届三中全会后,邓小平最初的构想,也是希望在 21 世纪中叶接近世界上发达国家水平,认为只有到那时,中国才对人类会有较大的贡献。如果到本世纪中叶基本实现现代化还不是全面实现现代化,那么,要全面实现现代化,达到最发达国家水平,实现毛泽东、邓小平最初的构想,就不能不成为本世纪中叶以后的第三步奋斗目标。这是 21 世纪下半叶甚至更长时间才能实现的。

第四步奋斗目标,是实现中华民族伟大复兴。因为即使中国的发展达到了最发达国家水平,对人类文明的贡献率还不一定达到与我国人口占世界人口的大体相当的比率。因为我国人口基数太大,一讲人均就会与发达国家差一大截。所以,即使达到了最发达国家水平,还不能说与实现中华民族伟大复兴画等号。因此，实现中华民族伟大复兴，是要在达到最发达国家水平之后再上一个大台阶。

二、建设美丽乡村，实践乡村振兴，就是实现中国梦

在宣传中国梦时，我们应该说说农民眼中的中国梦。或许他们并不起眼，但他们是中国最大的一个群体，也是最基层、最坚实的脊梁。中国梦的实现，乡村振兴的实践，都需要他们的参与。美丽乡村建设，就是农民的中国梦。

这就需要加强党对农村生态文明建设的领导，牢固树立和践行"绿水青山就是金山银山"的发展理念，统筹山水林田湖草系统治理，促进农业绿色发展，加强农村生态环境保护，改善农村人居环境，建设生态宜居的美丽乡村。

首先，美丽乡村，离不开生态文明建设。因此，基层党员干部在乡村规划上，必须牢记党中央提出的"绿水青山就是金山银山"的发展理念，要让这一理念深入广大农民心中。没有绿水青山就没有美丽乡村，更谈不上经济发展。这些宣传必须到位，要让农民首先认识到生态对于农村经济发展的重要性。特别是再也不能引进一些以牺牲环境为代价的高污染高耗能的企业。

其次，美丽乡村，需要统筹。其实，这也是一个科学规划的问题。农村的基层党组织，特别是乡镇党委，应当为村的发展规划把好关，要让规划科学、可持续、群众满意。特别是要做到统筹山水林田湖草系统治理，促进农业绿色发展。尤其是要体现出规划产生的经济发展价值。

再次，美丽乡村，需要生态宜居。当前，农村的住房改造问题还很突出。一方面，富裕起来的农民，修建房屋时不科学，在外观和实用性上往往随心所欲。一些经济较为贫困的农民，还无钱翻修或重建房子，有的人

修建的房屋还存在一些安全隐患……因此，对逐渐脱贫致富后的农民的房屋修建问题，需要基层党员干部大力想办法，帮助农民搞规划，出主意，让宜居和美丽乡村紧密结合起来。

最后，中国梦需要"中国道路"保驾护航。除了明确几步走的奋斗目标之外，还要明确实现它的具体途径。第一，必须走中国特色社会主义道路。党的十八大报告强调"三个自信"也是为了实现这个奋斗目标。第二，必须弘扬中国精神，即以爱国主义为核心的民族精神和以改革创新为核心的时代精神。爱国主义是把中华民族坚强团结在一起的精神力量，改革创新则是鞭策我们在改革开放中与时俱进的精神力量。这两个精神的叠加，能够成为我们追逐中国梦的强大的和持续的动力。中国特色社会主义理论体系，从某种意义上说，是弘扬中国精神的载体。第三，必须凝聚中国力量、中国各族人民大团结的力量。团结本身就是力量，何况这个最伟大的梦想是每个中国人的梦想，大家紧密团结，万众一心，为实现共同梦想而接力奋斗，这个力量会无限续航。中国特色社会主义制度，对凝聚中国力量是不可或缺的。

中国特色社会主义道路，是它的实现途径；中国特色社会主义理论体系，是它的行动指南；中国特色社会主义制度，是它的根本保障。党的十八大报告强调中国特色社会主义"三位一体"的三大特殊功能，实际上就是为了追逐和最终实现伟大的中国梦而保驾护航。

附录

附录一
农业农村部乡村产业发展司印发《2021年乡村产业工作要点》

2020年，农业农村系统坚决贯彻落实中央部署和农业农村部安排，紧紧围绕乡村产业振兴目标，高起点谋划，大力度推进，逐步拓展、逐项落实，农产品加工业稳中向好，乡村特色产业加快发展，乡村休闲旅游业先抑后扬，农村创业创新持续推进，农村一二三产业融合发展渐成趋势，新产业新业态新模式层出不穷，乡村产业保持发展好势头。

2021年是"十四五"开局之年，做好乡村产业工作具有特殊重要性。总体思路是：坚持以习近平新时代中国特色社会主义思想为指导，坚持稳中求进工作总基调，立足新发展阶段，贯彻新发展理念，构建新发展格局，以推进高质量发展为主题，以深化农业供给侧结构性改革为主线，以农村一二三产业融合发展为路径，围绕"保供固安全、振兴畅循环"，依托乡村特色优势资源，强化创新引领，聚集资源要素，纵向拓展农业增值增效空间，横向拓展农业功能价值，打造农业全产业链，构建现代乡村产业体系，把产业链主体留在县域，让农民更多分享产业增值收益，为乡村全面振兴和农业农村现代化提供有力支撑。

在目标任务上，要紧紧围绕"国之大者"抓主抓重、紧紧围绕中央部署落细落小，按照《全国乡村产业发展规划（2020—2025年）》要求，着力构建现代乡村产业体系。在空间布局上，构建县、镇（乡）、村层级分工明显、功能有机衔接的格局，引导乡村产业向主产区、中心镇、中心村、物流节点和聚集区汇聚。在产业结构上，强化"产加销服"贯通、"农文旅教"融通、"科工贸金"联通，构建种养业为基础、农产品加工为重点、商贸物流为引领的乡村产业有机整体。在产业链供应链安全上，强化加工流通延链、科技创新补链、要素聚集壮链和业态创新优链，引导加工产能下沉重心，拉近产地销地距离，打通产业链供应链堵点，确保上中下游顺畅对接、安全对接。在主体培育上，突出龙头企业带动、创业创新驱动、联农带农互动，构建企业和农户优势互补、分工协作、互惠共赢的格局。2021年，培育一批前延后伸、横向配套、紧密关联、高度依存的农业主导产业全产业链，力争农业全产业链创新"链队"更加有力，全产业链"链主"企业不断涌现，全产业链"链农"参建动力明显增强，为农业高质高效、乡村宜居宜业、农民富裕富足作出贡献，为乡村全面振兴和农业农村现代化提供支撑。

一、发掘特色资源，打造乡村产业发展新高地

依托乡村特色优势资源，拓展乡村特色产业，建设富有特色、规模适中、辐射带动力强的乡村产业集聚区，构建乡村产业"圈"状发展格局。

（一）创建"一村一品"示范村镇。培育一批"产品小而特、业态精而美、布局聚而合"的"一村一品"示范村镇，形成一村带数村、多村连成片的发展格局。2021年，制定"一村一品"示范村镇规范性指导意见。新认定400个全国"一村一品"示范村镇，公布全国乡村特色产业产值100亿元县、10亿元镇、1亿元村。

（二）建设农业产业强镇。聚焦镇（乡）域1—2个主导产业，吸引资本聚镇、能人入镇、技术进镇，建设一批标准原料基地、集约加工转化、区域主导产业、紧密利益联结于一体的农业产业强镇，培育一批产值超10

亿元的农业产业强镇，打造主业强、百业兴、宜居宜业的农民区域服务中心。2021年，建设300个农业产业强镇。

（三）打造优势特色产业集群。突出产业环节串珠成线、连块成带、集群成链，建设主导产业突出、规模效益显著、产业链条健全、综合竞争力强的产值超100亿元优势特色产业集群，建设一批产值超1000亿元的骨干优势特色产业集群，打造乡村产业区域增长极和产业高地。2021年，支持建设一批优势特色产业集群。

（四）培育知名特色品牌。开展乡村特色产业调查分析，指导乡村手工产业做精做细，打造"乡字号""土字号"特色产业"金字招牌"。2021年，建立全国乡村特色产品目录，推介一批乡村特色产品和能工巧匠，宣传一批乡村特色产业知名品牌。

（五）推动脱贫地区特色产业可持续发展。组织龙头企业到脱贫地区建设加工车间和原料基地，开展脱贫地区产品宣介和产销对接活动。2021年，开展脱贫地区与发达地区多项对接活动。

二、延伸加工链条，拓展乡村产业增值增效新空间

提升农产品加工业，立足县域布局农产品加工产能，延伸农业生产、加工、流通、服务等增值增效链条，实现循环增值、梯次增值、全链增值。

（六）发展农产品初加工。强化标准引领和技术指南，扶持农民合作社和家庭农场发展保鲜、储藏、分级、包装等延时类初加工，发展粮变粉、豆变芽、肉变肠、奶变酪、菜变肴、果变汁等食品类初加工，培育一批农业食品融合企业。2021年，制定加快发展农产品初加工的意见，制定促进农业与食品产业融合发展的意见。

（七）发展农产品精深加工和综合利用。培育一批生产标准、技术集成、管理科学、品牌知名和产业集聚的农产品加工企业以及综合利用主体，

推进多元化开发、多层次利用、多环节增值。2021 年，发布农产品加工业分行业 10 强企业，创建一批全国主食加工业示范企业。

（八）建设农业食品创新平台。依托具备技术研发能力的地区和机构，建设农业食品创新产业园，力争搭建一批平台，形成一套机制，攻克一批技术，转化一批成果，创制一批装备，推广一批先进实用技术。2021 年，建设数个中国农业食品创新产业园。建设一批农产品加工技术集成科研基地，完善一批国家农产品加工研发分中心，建立农产品加工业专家指导组等 5 个乡村产业专家指导组。

（九）提升农产品加工园区。按照"粮头食尾""农头工尾"要求，引导各类龙头企业向园区集中，促进原料生产、精深加工、体验展示、物流配送有机衔接。2021 年，发布农产品加工业 100 强园区以及分行业 10 强园区，培育一批产值超 100 亿元的国际农产品加工产业园。联合河南省人民政府举办第 24 届中国农产品加工业投资贸易洽谈会。

（十）打造农业全产业链。在县域内打造农业全产业链，遴选一批特色鲜明、链条健全、联结紧密、业态丰富、创业活跃的农业全产业链，拓展农业增值增效深度和功能价值开发广度。2021 年，公布一批全国农业全产业链典型模式和"链主"企业，组织召开全国乡村产业高质量发展推进会。

三、发掘乡村功能价值，丰富乡村产业发展新业态

优化乡村休闲旅游业，发掘农业"产品供给、文化体验、生态涵养、休闲旅游、健康养生、文创教育、安排就业"等多种功能和乡村生产、生活、生态等多重价值，强化特色化、差异化、多样化，开发形式多样、独具特色、个性突出的业态和产品，促进乡村休闲旅游转型升级。

（十一）打造精品工程。建设一批功能齐全、布局合理、机制完善、带动力强的休闲农业精品园，推介一批区域特色鲜明、文化底蕴厚重、乡土气息浓厚的乡村休闲旅游精品景点线路，遴选一批天蓝、地绿、水净、安居、乐业的中国美丽休闲乡村，建设一批资源优势明显、产业发展领先、示范作用突出的全国休闲农业重点县。2021年，打造150条乡村休闲旅游精品景点线路，建设200个中国美丽休闲乡村。

（十二）提升服务水平。加强水、电、路、讯、网等设施建设，完善餐饮、住宿、休闲、体验、购物、停车、厕所等设施条件。完善公共卫生安全、食品安全、休闲服务等标准，用标准化服务创响知名品牌，用品牌汇聚要素资源。加强从业人员培训，提高从业人员服务意识和服务技能。开展行业发展情况监测，选取重点县和经营主体实行直联直报。

（十三）创新发展业态。发掘地方风味、民族特色、传统工艺等资源，开发乡村休闲旅游"夜经济"、农家宴、乡土菜等新项目。发展研学教育、田园养生、亲子体验、拓展训练等项目，引导有条件的休闲农业园建设中小学生农事研学实践教育基（营）地。2021年，开展线上推介和云端培训，举办美丽乡村休闲旅游行推介活动，融入美食评选、创意发布等元素。

四、培育经营主体，构建乡村产业发展新雁阵

推进农业产业化，壮大龙头企业队伍，提升龙头企业层次水平，发挥龙头企业主力军作用，引领小农户与现代农业有机衔接。

（十四）壮大龙头企业队伍。将经济实力强、联农带农紧、现代化水平高的龙头企业纳入国家重点龙头企业队伍。强化国家重点龙头企业认定监测，引导各地培育一批省、市、县级龙头企业，形成"四级联动"发展格局。2021年，开展第七批农业产业化国家重点龙头企业认定工作。

（十五）提升龙头企业发展水平。支持龙头企业参与优势特色产业集群、现代农业产业园、农业产业强镇等项目建设。组织龙头企业联农带农、联科带科，培育一批"产学研推用"紧密结合的"产创联合体"。2021年，制定促进龙头企业做大做强的指导意见，指导开展龙头企业100强和专项10强遴选推介活动，树立一批龙头企业标杆。

（十六）弘扬企业家精神。建立乡村企业家库，培育一批具有全球战略眼光、市场开拓精神、管理创新能力的优秀乡村企业家。2021年，宣传推介一批全国优秀乡村企业家典型案例。

五、推进创业创新，培育乡村产业发展新动能

推进农村创业创新，优化创业环境，激发创业热情，为乡村产业发展增添"源头活水"，形成以创新带创业、以创业带就业、以就业促增收的格局。

（十七）建立农村创业创新导师队伍。深入实施农村创业创新带头人培育行动，推动建立国家、省、市、县级农村创业创新导师队伍。加大农村创业创新人才培训力度和辅导广度，总结链条创业、融合创业、绿色创业、抱团创业、网络创业等模式，制作创业培训视频。2021年，遴选推介一批国家级农村创业创新导师，推介农村创业创新优秀带头人。

（十八）建设服务平台载体。更新全国农村创业创新园区（基地）目录，指导平台载体与创业导师加强合作，组织开展观摩学习活动。2021年，创建200个全国农村创业创新示范园区（基地），推介一批全国农村创业创新典型县。

（十九）办好展示交流活动。举办农村创业创新带头人交流活动和全国农村创业创新工作现场交流活动，分享创业故事、亲身感悟和成功经验，评选创意佳、业绩好、带动强的优秀项目与资源对接。2021年，举办第五届全国农村创业创新项目大赛。指导各地开展返乡入乡创业创新政策宣传周活动。

（二十）强化就业创业监测。做好返乡入乡就业创业监测调查分析工作，开展返乡入乡创业创新监测试点调查，开展全国农村创业创新园区（基地）发展情况摸底调查。开展农业及相关产业统计。

六、强化联农带农,形成乡村产业融合发展新优势

围绕让农民有活干、有钱赚目标,开展主体跨界融合、要素跨界配置、业态跨界创新、利益跨界共享,促进农村一二三产业融合发展。

(二十一)培育多元融合主体。支持发展县域范围内产业关联度高、辐射带动力强、参与主体多的融合模式,扶持一批龙头企业牵头、家庭农场和农民合作社跟进、广大小农户参与的农业产业化联合体,构建分工协作、优势互补、联系紧密的利益共同体,实现抱团发展。促进资源共享、链条共建、品牌共创,形成企业主体、农民参与、科研助力、金融支撑的产业生态。

(二十二)发展多类型融合业态。引导各类经营主体以加工流通带动业态融合,发展中央厨房等业态。以功能拓展带动业态融合,推进农业与文化、旅游、教育、康养等产业融合,发展创意农业、功能农业等。以信息技术带动业态融合,促进农业与信息产业融合,发展农村电商、数字农业、智慧农业等,让农民跨界增收、跨域获利。

(二十三)建立健全融合机制。引导新型农业经营主体与小农户建立多种类型的合作方式,促进利益融合。完善利益分配机制,推广"订单收购+分红""农民入股+保底收益+按股分红"等模式。2021年,开展《全国乡村产业发展规划(2020—2025年)》系列宣传活动。

(二十四)创建融合发展先导区。建设一批体制机制创新、政策落实落细、业态类型丰富、融合主体多元、联农带农紧密的融合发展先导区。2021年,创建一批全国农村一二三产业融合发展先导区,举办农村一二三产业融合发展现场交流活动。围绕解决"用地难、贷款难"问题,制定保障和规范农村一二三产业融合发展用地文件,制定支持龙头企业贷款发展乡村特色产业的意见。

(来源:农业农村部网站)

附录二 日本的造村运动

日本的特色小镇在国际上都很有声誉，其实它的繁华来自当时的造村运动。在日本的乡镇建设史上，造村运动是非常关键的一环，这项运动让日本的村镇经济进入一个高速发展的阶段。对于我国的乡村建设来讲，也有很多可借鉴的地方。

一、造村运动的由来

第二次世界大战之后，日本政府为了提升社会的发展速度，将经济发展的中心转移到城市，重视城市工业的发展，这种片面追求经济发展的过程，整整持续到20世纪60年代，城乡发展不平衡，农村发展远没有城市发展得好。

当时的日本农业基本上实现了机械化、化肥化、水利化和良种化，农村人均收入逐渐提升，但乡村的居住环境却越来越差，农村的吸引力相对于城市而言持续下降。为了缩小城乡差距，当时只能依靠政府的大量财政投入，因为乡村本身很难自己造血，产生竞争力。

为了尽快实现城乡一体化的目标，振兴农村，大分县前知事平松守彦率先在全国发起了以立足乡土、自立自主、面向未来的造村运动。为此，平松守彦还提出一套"磁场理论"：如果强磁场与弱磁场之间放一块铁板，自然会被强磁场吸引过去。信息化程度高、生活质量高的城市相对于乡镇就是强磁场,为了促进各地区的均衡发展,就要把农村建设成为不亚于城市的强磁场,才能把人口牢牢吸引在本地区。而磁场的吸引力在于产业,所以发展具有地方特色的产业,成为造村运动的开端。

造村运动以开发农产品市场为手段,在促进产品的生产和流通的环节,农协发挥了重要作用。在农产品的生产领域,从农协中央会到基层农协,都制订了农村事业发展计划,针对农业经营中的问题制定相应对策,指导农民实施。

虽然造村运动始发于区域性的局部,但是平松守彦却具备国际性的眼光。当时他就指出,越是民族的东西,就越有国际价值。但是,区域特色并不直接等于国际性,而是需要面向国内外市场,精心地加工与提炼。日本特色小镇以人文资源为基础而形成特色,藏着日本特有的"田舍文化"。"观其形"是重要的,而在"观其形"之后,更重要的是弄清楚它的发展脉络。

二、采取因地制宜模式,形成"一村一品"

因地制宜型模式是指在乡村治理中,以挖掘本地资源、尊重地方特色为典型特点,通过因地制宜地利用乡村资源来发展和推动农村建设,最终实现乡村的可持续性繁荣。

首先,日本政府根据本国的地形特点、自然条件状况,培育了独具特色的农产品生产基地,譬如水产品产业基地、香菇产业基地、牛产业基地等。其次,为了提升农产品的附加值,政府采取对农、林、牧、副、渔产品实行一次性深加工的策略。再次,充分发挥日本综合农协的作用,在农产品的生产、加工、流通和销售环节建立产业链,促进产品的顺利交易。接着,通过完善教育指导模式,开设各类农业培训班,建立符合农民需求的补习中心,提高农民的综合素质和农业知识。最后,政府对农业生产给予大量补贴和投入，支持农村发展。

因地制宜型模式在具体的乡村治理实践中，非常讲究具体问题具体分析的思路，通过整合和开发本地传统资源，形成区域性的经济优势，从而打造富有地方特色的品牌产品。从当前农村发展的现状来看，很难找到适用于各地区的标准化乡村治理模式。因此，因地制宜型的乡村治理能够充分发挥本地优势，有利于提升乡村社会的整体效益。

这种因地制宜地培育富有地方特色的农村发展模式，最终形成了为世人称道和效仿的"一村一品"。所谓"一村一品"，就是按照区域化布局、专业化生产和规模化经营的要求，因地制宜地发展具有鲜明地域特色的主导产品和产业，进而形成产业集群，最大限度地实现农村劳动力的就地转移，促进农民增收，建设新农村。

造村运动以"一村一品"为宗旨，开展对本地本村最具传统文化特色的工艺品的调查、研究并加以开发利用，着力进行村镇改造，保留并提升原文化面貌，使传统文化进入现代生活，形成强化本村自身的传统文化特色，保护和发扬地域文化。在这个过程中，造村运动并不主张"完全回归农村时代"，而是"从生长的地方寻求文化根源"，并不进行推倒重来和大量投资的工程建设，而是立足和利用当地自身资源和发展基础。

在"一村一品"的带动下，仅有120多万人口的大分县，在随后的20年中完成了产值高达数十亿美元的飞跃，从落后的贫困县发展成环境优美、经济领先的全球闻名城市。农民收入持续增长，连续多年位于日本九州地区第一位，居全国前列。

三、大分县"丰后牛"案例

大分县的"丰后牛"是日本"和牛"品种之一，肉质细腻多汁，脂肪均匀分布在瘦肉间，看上去如同冬天降下的美丽霜雪，故称为"霜牛肉"，被推为日本国宝级的食材，价格很贵，数量很少。

随着农业机械化的普及，当地耕牛越来越少，为了有效利用原来饲养耕牛留下来的大片草地，当地人以20万日元为一个认养单位，针对居住在大都市的居民，开展了认养肉牛的活动。并用当地的特色产品作为利息，每年寄给认养主人。

从1976年开始，这种认养活动发展为每年一度举办的"品尝肥牛大喊大叫大会"。即每年秋天，饲养肉牛的农家邀请认养肉牛的主人（可以带儿童，别的人也可以参加，全部实行人数限定收费制）到牧场来欢聚，现场烧烤品尝肉牛，酒足饭饱之后，再根据抽签选出100人依次向着蓝天在噪声测定器跟前大喊大叫，把自己平常不敢或不愿说的一些心愿、牢骚、不满等喊出来。评委根据噪声大小、喊叫的内容是否独特有趣等评选优胜者，发放奖品。凡聚会参与者都可以通过抽奖获得奖品，奖品都是当地产的葡萄酒、调味品、大米、烧酒以及当地的酒店住宿打折券等实用的东西，活动持续一周左右。

大分县"丰后牛"借助体验把畜牧业转化成旅游休闲产业，大大提升了"丰后牛"的价值。通过推广大叫活动，不仅振兴了当地的畜产业，使闲置的土地得到了再利用，同时也促进了旅游业的发展，为当地的农产品打开了销路，农民收入持续增长。如今，大分县的香菇和麦烧酒连续多年在日本市场占有率位居第一。

附录三 瑞士和德国的生态乡村建设

关于美丽乡村的建设,其实是世界上大多数国家从传统社会向现代化社会转型的必经之路,很多发达国家已经经历了这个阶段,在乡村建设方面有很多经验。虽然我国和发达国家的国情不同,但是,依然可以从欧洲国家的经验和教训中汲取养分,作为我国建设美丽乡村的参考和思路。无论瑞士还是德国的案例,都值得我们学习。

一、瑞士:以生态环境型模式发展旅游

生态环境型模式是以绿色、环保理念为依托,强调将乡村社会的生态价值、文化价值、休闲价值、旅游价值以及经济价值相结合,从而改善乡村生活质量,满足地方发展的需求。生态环境型模式在工业发达、城市化水平较高以及乡村建设已经达到领先地位的发达国家比较适用,也是农村现代化的样板。生态环境型模式是指政府在乡村建设中通过营造优美的环境、特色的乡村风光以及便利的交通设施来实现农村社会的增值发展,提升农村的吸引力,其中瑞士的乡村建设最为典型。

随着社会化和城市化的发展,瑞士的农村和农民不断减少,但是瑞士政府依旧将乡村发展作为推动国家前进的重要组成部分,努力实现乡村社会的繁荣。

从瑞士政府对于乡村建设的做法来看,十分重视自然环境的美化和乡村基础设施的完善。瑞士政府通过制定相关激励政策,对农业发放资金补

助，向农民提供商业贷款，帮助其改善农村环境。

通过国家财政拨款和民间自筹资金的方式，政府为乡村建设学校、医院、活动场所，修建天然气管道，增设乡村交通等基础设施，以此完善农村公共服务体系，缩小城乡之间的差距。

在政府对乡村的持续性改造下，使得村庄风景优美，生机盎然。乡村静谧，环境舒适宜人。乡村基础设施完善，并且交通便利。现阶段，瑞士的乡村将农村与周边的自然环境协调起来，以环境优美著称，有着独具特色的田野风光，因而成了人们休闲娱乐和户外旅行的好去处。

以瑞士的格吕耶尔为例，该地之所以成为旅游胜地，不只因为它本身就是"景"，还因为它推出了很多特色旅游项目。

格吕耶尔是瑞士著名的奶酪产地，一些当地人便开放奶酪工厂吸引游客。在这里，游客可以全面了解格吕耶尔奶酪是怎么生产出来的、有什么特色、有多少品种、如何品尝、有什么营养等。

格吕耶尔是瑞士传统风俗保留最好的地区之一。比如，每年秋季牛羊肥壮之时，附近的牧民会穿上传统服装，给牛羊戴上铃铛，插上五颜六色的花朵，赶着它们从高山草场上下来以示庆祝——这就是"赶牛下山节"（也称"归耕节"）。每到节日之际，游客们会从四面八方赶来感受瑞士的"山民传统"，旅游收入自然也就有了。

格吕耶尔地处湖泊和高山之间的丘陵地带，当地人就此设计了多条徒步和骑行路线。游客可以环湖骑行或在起伏的丘陵间远足，也可挑战险峰，自然乐此不疲。

因为距离凯雅巧克力工厂不远，附近设有快线列车直通工厂所在地，顺道做个"巧克力之旅"，这也是不少游客来格吕耶尔旅游的重要原因之一。游客在这里可以学到几乎所有与巧克力有关的知识。

总之，复原乡村生活、让游客亲近自然是瑞士乡村民众吸引游客的重要手段。当地人的目的，就是方便游客徒步登山、瞭望远山、听听牛铃、品品红酒、制作奶酪、采葡萄、摘樱桃，还可以亲自给奶牛挤奶。有了这些要素，旅游业自然就发展起来了。据统计，瑞士直接从事旅游服务行业的人数超过3万，间接受益的人则更多。

二、德国：土地整治见成效

在德国35万平方千米的土地上，生活着8200万居民，他们多数居住在1000—2000人规模的村镇。凡是去过那里的人，都会对优美的景色表示羡慕。因为德国最吸引人的不是慕尼黑这样的大城市，而是安静古朴的田园风光和风景独好的广大乡村地区。

20世纪70年代，德国开始实行"我们的乡村应该更加美丽"计划。计划主要包括三个方面：第一，提高农产品质量和种类。第二，开发农业房地产和乡村旅游。第三，初步实现传统乡村和农业向现代化和生态化的转变。

此外，德国政府还颁布了《土地整治法》，积极采纳当地居民的意见，对村镇进行详细规划，划定自然保护区，避免乡村自然风光遭到破坏，有效改善了农民的生活和农村生态环境。

长期以来，德国积累了丰富的土地整治经验。对生态景观建设的重视和尊重自然、顺应自然、保护自然的理念贯穿德国土地整治的全过程。在土地整治项目规划设计阶段，明确要求自然环境保护主管机关、水利部门、农业部门必须参与项目前期评价，开展生态景观规划。

生态占补平衡措施充分体现了德国对生态景观保护和建设的重视。对于土地整治项目区内自然景观的补偿和平衡，分为"规避""平衡"和"补偿"三种措施。对于土地整治项目区内的自然景观，要做到规避，尽量不去破坏和改变，一些特别的自然保护区严禁开发占用。如果实在无法绕开自然景观，那么必须做到生态占补平衡，即占用了森林、绿地、耕地、河道等造成的生态损耗，需要进行生态补偿，最终实现与原来同样的生态效应，保持生态功能的持续和稳定。

此外，德国乡村生活污水的处理主要采用以下三种工艺：

一是分散市镇基础设施系统。德国海德堡市郊的诺伊罗特村2005年底率先建成该系统。办法是在没有接入排水网的偏远农村建造先进的膜生物反应器，平时把雨水和污水分开收集，然后通过先进的膜生物反应器净化污水。这一系统不仅可以降低污水处理成本，还能在净化污水的过程中获得氮气，从而达到使污水变成宝的目的，增强了农村土地肥力。

二是PKA湿地污水处理系统。PKA湿地由介质层和湿地植物两大系统组成，利用这两大系统共同营造的生态系统，综合物理、化学、生物三种放大功效，使污水处理功效达到最大化。该工艺主要将农村生活污水通过水管道，汇集流入沉淀池，经过沉淀池的4层筛选之后，再经PKA湿地净化处理，然后达标排放或用于农田灌溉。该系统的运转不需要化学药剂，所有材料都来源于大自然，对周边的环境没有二次污染。湿地表面干燥，没有积水，构成景观绿地，日常运行费用很低，工艺流程简单，管理也方便。

三是多样性污水分类处理系统。德国吕贝克2000年采用多样性污水分类处理系统，将污水分为雨水、灰水和黑水。其中灰水指厨房、淋浴和洗衣等家政污水，黑水指经真空式马桶排放的厕所污水。居住区屋顶和硬质地面上的雨水被雨水管道收集，并汇入附近的地表水或者导入居住区内设置的渗水池。该渗水池属于小区的绿化设施，经过特殊的造型和环境设计，表面看起来就像景观设计的一部分，池底使用特殊材料如砾石等，使池中的雨水自然下渗并汇入地下水。在暴雨或降水量丰厚的情况下，还可以把多余的雨水导入相连的蓄水池，使雨水自然蒸发或通过沟渠汇入地表水。通过这种处理方式，雨水可下渗或者直接进入自然界水循环。洗菜、洗碗、淋浴和洗衣等家政污水作为灰水，通过重力管道流入居住区内的植物净水设施，进行净化处理。

参考文献

[1] 吴维海:《新时代乡村振兴战略规划与案例》,中国金融出版社 2018 年版。

[2] 孙景淼:《乡村振兴战略》,浙江人民出版社 2018 年版。

[3] 贺雪峰:《大国之基:中国乡村振兴诸问题》,东方出版社 2019 年版。

[4] 孔祥智:《乡村振兴的九个维度》,广东人民出版社 2018 年版。

[5] 陆超:《读懂乡村振兴:战略与实践》,上海社会科学院出版社 2020 年版。

[6] 蒋高明:《乡村振兴 选择与实践》,中国科学技术出版社 2019 年版。

[7] 孙伟:《乡村振兴:农村电子商务模式·运营·案例》,中国市场出版社 2019 年版。

[8] 张利庠:《中国乡村振兴案例研究》,经济科学出版社 2020 年版。

[9] 赵振宇:《乡村振兴与城乡融合发展:主体投入及土地制度保障》,浙江大学出版社 2021 年版。

[10] 李艳蒲、穆永海、张秀昌:《乡村振兴与美丽乡村建设》,中国农业科学技术出版社 2018 年版。

[11] 张晓山:《乡村振兴战略》,广东经济出版社 2020 年版。